Enrico Brizzi

IN PIEDI SUI PEDALI

MONDADORI

www.librimondadori.it

In piedi sui pedali
di Enrico Brizzi
Collezione Libellule

ISBN 978-88-04-63457-7

I edizione aprile 2014

IN PIEDI SUI PEDALI

Per Altea,
la sprinter dalle calze rosa.

Mantenere l'equilibrio. La Numero Uno

CATEGORIA	bicicletta da bambino da 12", telaio pieghevole in acciaio
MARCA	Atala
VELOCITÀ	1
COLORE	telaio laccato bianco, parafanghi e carter in plastica arancione
DOTAZIONE	portapacchi integrato al telaio, campanello

Gli uomini più importanti di tutti, a sentire gli adulti, erano Pertini, Agnelli e il papa.

Al vertice della piramide sociale di noi giovanissimi, invece, rifulgevano di gloria come vivi idoli i grandi campioni sportivi. Il nostro pantheon era occupato da personaggi quali il velocissimo Pietro Mennea, il pugile Roberto Durán, detto "Mani di Pietra", e Niki Lauda, il pilota di Formula Uno risorto dalle fiamme come la fenice. In quel tempio pagano, i fuoriclasse della Serie A erano celebrati al pari degli assi del ciclismo, uno sport che all'epoca occupava le prime pagine dei quotidiani e le copertine del "Giornalino".

Felice Gimondi, bergamasco dal lungo naso frangivento e i capelli fitti come le setole d'un selvatico, era il vecchio eroe del pedale italico. Il suo cognome era diventato sinonimo di "campione", e c'era sempre, sotto i portici del quartiere, qualche spiritoso che strillava dietro ai ciclisti solitari: «Vai, Gimondi, che sei solo!».

Zio Walter, lo sportivo di casa, raccontava che l'inossidabile Felice non solo aveva vinto tre volte il Giro d'Italia, ma era riuscito a trionfare anche al Tour de France e alla Vuelta spagnola; in aggiunta, aveva collezionato successi nelle corse da un giorno più prestigiose, fra le quali un campionato del mondo.

Roba forte, insomma, ma la sua impresa più grande era da lasciare sbigottiti: in un tempo sospeso fra storia e leggenda, infatti, Gimondi aveva sconfitto una specie di diavolo prestato allo sport, il fortissimo Cannibale Merckx.

«In verità, era il figlio della regina del Belgio» mi rivelò lo zio.

«Allora era un principe» dedussi.

«Lei era una strega» mi fece rabbrividire. «Non voleva che Cannibale facesse la vita di palazzo. Lo voleva corridore.»

«Come mai?»

«Perché le piaceva tantissimo andare in bici. Così, quando lui aveva più o meno la tua età, aveva fatto un sortilegio. "Abra cadabretta, non regnerai dal trono, ma da una sella di bicicletta!"»

«Non vale!» protestai, col senso di giustizia tipico dei bimbi della scuola materna.

«Lei l'ha fatto lo stesso. E, grazie a quella magia, Cannibale è diventato velocissimo: andava ancora in triciclo, quando ha vinto la Freccia Vallone. E in prima elementare ha fatto sua la mitica Liegi-Bastogne-Liegi.»

Parlava con la noncurante competenza dell'universitario baffuto, assiduo compulsatore di "Stadio" e "Gazzetta", così neanche per un attimo dubitai delle sue parole.

«Diventato grande» riprese Walter in tono solenne, «Cannibale Merckx non ha più perso una corsa. Dovunque si presentasse, arrivava sempre primo. Andò avanti così, per anni e anni, e il povero Gimondi, che pure era forte, al massimo poteva arrivare secondo.»

«*Sorbole,* però! Col sortilegio son buoni tutti!» ripresi foga, indignato dalle scorrettezze della monarca del Belgio. «Ma, alla fine, come ha fatto Gimondi a batterlo?»

«Qui viene il bello!» esclamò lo zio, illuminato dalla gioia del ricordo. «Devi sapere che Cannibale si riteneva l'uomo più fortunato della terra: vinceva sempre la maglia rosa del Giro, quella gialla del Tour e quella coi cerchi colorati da campione del mondo. Così, le miss lo baciavano sul podio e guadagnava milioni. Pian piano, però, si era imborghesito e...»

«Cosa si era?»

«Era diventato antipaticissimo e avaro. Ma credeva lo stesso di essere il più fortunato di tutti, così un giorno andò dal vecchio Diogene, che viveva in Grecia e sapeva ogni cosa.»

Se la regina del Belgio era una strega, potevo ben accettare l'esistenza di un greco onnisciente, così volli sapere soltanto: «Ci andò in bicicletta?».

«Ovvio. E sai perché? Voleva domandare a Diogene chi era l'uomo più fortunato della terra» si rispose da solo zio Walter. «Capirai, sperava di sentirsi dire: "Sei tu, caro Cannibale Merckx!", invece il nonnetto lo squadrò ben bene, poi rispose: "L'uomo più fortunato è il più felice". Lasciò Merckx con un palmo di naso, e se ne tornò a dormire.»

«Era notte?»

«Quel rompiscatole era andato a disturbarlo durante il riposino pomeridiano» illustrò lo zio, paziente, e aggiunse: «Be', proprio quell'anno, al Giro d'Italia, accadde l'impossibile.»

Non potevo capire, e domandai: «Come andò?».

«Andò che Gimondi riuscì finalmente a battere Merckx» mise in chiaro. Sorrise sotto i baffi, deliziato, e aggiunse: «Una batosta, gli diede».

«Si vede che era finita la magia della regina» arguii, ma ricordo che lo zio mi fissò con aria leggermente irritata, come avessi mancato di cogliere l'essenziale del racconto.

«Può darsi» ammise, paziente. «Ma, visto che

Gimondi si chiama Felice, non trovi che il vecchio Diogene ci abbia preso in pieno?»

C'era da restare a bocca aperta di fronte a tanta sapienza, ma già nuovi interrogativi si facevano avanti. «E il Cannibale» volli sapere, «come c'è rimasto, lui?»

Walter esitò, come si andasse a toccare un tema troppo scabroso. Per un po' scosse la testa, poi abbassò le palpebre, infine si risolse a dirmi: «È impazzito di rabbia, Merckx. Ha fatto la bici in mille pezzi, lì sul traguardo, poi ci ha messo sopra la senape e se l'è mangiata».

«Anche i pedali?»

«Quelli li ha tenuti per ultimi» garantì lo zio. «Al posto del dolce.»

«Cavoli. È morto?»

«L'hanno preso per i capelli. Ma, da quella volta, non ha più partecipato a corse su strada.»

«Lo tengono all'ospedale dei matti, adesso?»

«Quelli non ci sono più, per fortuna» considerò lo zio. Poi mise su un'aria divertita e aggiunse, come si trattasse del particolare più gustoso: «Adesso si è dato al ciclocross, poveretto!».

Di storie come questa non si poteva dubitare, e gli assortimenti di biglie in vendita negli empori della Riviera confermavano la loro veridicità: nonostante lo stizzoso ritiro di Cannibale dalle corse su strada, dentro le reticelle più stagionate si continuavano a trovare palline dedicate a lui. Protetto da una mezza sfera di plastica trasparente, il figlio della perversa regina del Belgio appariva ancora giovane e deciso, disposto a dare battaglia sino alla fine dei tempi. Ad aggiungere un ulteriore tocco inquietante, la grafia del suo cognome cambiava sempre, come gli appellativi del Maligno: a seconda dei fabbricanti, Cannibale poteva chiamarsi Merckx, Mercx, Merkx o addirittura Mercs. Le sue biglie erano le uniche che facessero paura, e speravi tanto che seppellirle sotto due palmi di sabbia fosse sufficiente a neutralizzare i loro poteri.

I protagonisti del Giro d'Italia erano tanto celebrati, perché la nostra era una Repubblica di ciclisti: pedalavano tutti, a eccezione dei poppanti e degli ultracentenari. Le donne impiegavano la bicicletta per fare la spesa così come per andare al lavoro, e apprezzavano l'indipendenza dal mondo automobilistico che le due ruote sapevano garantire: grazie alla bici potevano sempre risolvere una commissione dell'ultimo minuto, andare a farsi i capelli o concedersi un giro per negozi senza dipendere dai passaggi di nessuno o impantanarsi nel traffico.

Gli studenti delle medie e delle superiori se ne servivano ogni giorno per andare a scuola, e anche molti universitari la trovavano un'alternativa economica ai ciclomotori.

Persino gli uomini adulti, i proletari con la Cinquecento ammaccata al pari dei sofisticati possessori di Alfa e Lancia, avevano la bici sempre pronta, da impiegare per tutte le attività vagamente clandestine. Si andava in bici a complottare dal barbiere, a regalarsi una nuova cassetta da pesca, a messa oppure a casa dell'amante; allora si rientrava fischiettando, felici di mostrare al vicinato come si smonta di sella alla bersagliera.

Il cortile era sempre pieno di ragazzini che filavano sulle due ruote, talvolta a gara e altre in formazione, fingendosi cowboy in groppa ai purosangue. I loro giochi erano separati in maniera rigorosa da quelli di noi mocciosi di due e tre anni, creature striscianti e inclini al piagnisteo alle quali non era concessa alcuna cavalcatura. Per noi, marchiati come "piccoli", restavano secchielli di mattoncini colorati e soldatini in scala 1/32, Super Tele mezzo sgonfi e il divieto assoluto di mescolarci alle corse sfrenate dei più grandi.

L'ipotesi di restare travolti dal gruppo lanciato verso il traguardo della Milano-Sanremo come una carica di bisonti era da evitare in ogni modo, ma la portinaia Fosca adombrava un'altra, terribile, eventualità: temeva infatti che noi cuccioli si potesse restare uccisi da una pallonata sferrata dai più grandi. «Una volta è successo davvero!» ci terrorizzava, così eravamo perennemente relegati in aree periferiche e ombreggiate, al confine della zona riservata alle bambine, sotto tutela come pianticelle poco vigorose.

Ricevere in regalo la prima bicicletta con le rotelle laterali era un'elevazione di status, che al solito coincideva con l'inizio della primavera: l'occasione era solenne, e spesso il pathos di padri e madri conferiva all'occasione una solennità paragonabile a quella delle cerimonie di passaggio turcomanne, nel corso delle quali i nomadi delle steppe offrono ai loro bambini un puledro da domare.

Mi trovavo a vivere la mia terza primavera. Quando il giorno venne, fui portato in cortile dalla nonna, di fronte ai miei genitori. Sorridevano, e con loro c'era una piccola bicicletta bianca e arancione che conoscevo già: era la cavalcatura di mio cugino Maurizio.

«Be', non dici niente?» fece Babbo.

«È la bici di Mauri» notai.

«Te la regala» annunciò Mamma. Per qualche motivo, sembrava insieme compiaciuta e turbata.

«Adesso è tua» ribadì Babbo, e domandò un'ottava sotto: «Ti piace?»

Considerai la piccola Atala, in equilibrio spontaneo sulle rotelle laterali, come fosse la prima volta: il telaio laccato di bianco, le gomme da dodici pollici dello stesso colore, il carter e i parafango in plastica arancio ne facevano una bestia di carattere. La sella era già abbassata al minimo per accogliermi, eppure dovetti essere aiutato a montare.

«C'è anche il campanello» considerò Mamma. «Così puoi avvertire quando arrivi.»

«Avvertire chi?» volli sapere.

«Tutti!» esclamò, guardandomi come se avesse perduto fiducia nei miei confronti.

«E questi sono i freni» si premurò d'illustrare Babbo. «Usa *sempre* quello della ruota dietro, per sicurezza.» Mi mostrò qual era, poi fui libero di stringere le manopole in plastica zigrinata usurate da Maurizio e, spingendo sui pedali, mi avviai al piccolo trotto.

«Fai attenzione» raccomandò Mamma, a mezza voce per non rompere l'incanto.

«La sua Numero Uno» notò Babbo, intenerito.

Era semplicemente meraviglioso, il procedimento alchemico che trasformava il movimento dei pedali nella facoltà di viaggiare a ritmo sempre più sostenuto, fin quasi ai limiti del cortile; allora serviva fermarsi, smontare e riposizionare la cavalcatura trascinandola per il manubrio, per provare un'altra volta la piccola ebbrezza della velocità.

«Allora, ti piace?» ripeté mio padre, ma la sua non era già più una domanda.

Poiché si pedalava tutti, il mese di maggio era dedicato alla celebrazione di un rito collettivo, che gli adulti prendevano terribilmente sul serio: sugli uomini calava un silenzio carico di presagi e aspettative e le donne si facevano mute e dignitose come a messa, quando la radio entrava nel clou della tappa di giornata del Giro d'Italia.

Nel '77 vinse fra gli anatemi di zio Walter un belga di nome Pollentier. Alle sue spalle si classificò il più giovane d'una dinastia di ciclisti trentini, Francesco Moser. Secondo lo zio, le migliori speranze del Paese erano riposte nei polpacci di quel ragazzo, e mi fece notare che il suo cognome, alpestre e ossitono, suonava deciso come una volata vincente: Mo-sèr! Il Francesco da Palù di Giovo aveva soprannome lo Sceriffo, un tocco western che mi conquistò definitivamente, sicché anch'io lo elessi a beniamino ed eroe.

Il suo trionfo avvenne alla fine delle vacanze estive, nel lontano Venezuela, dove tagliò il traguardo per primo ai campionati del mondo: il poster che lo ritraeva in maglia iridata andò ad arredare la camera dello zio, e davanti a quell'altare pagano fu stabilito che nel mio cuore non ci sarebbe stato posto per altri corridori.

Ormai guardavo dall'alto in basso i vecchi gimondisti, compativo i sostenitori di Pierino Gavazzi, Wladimiro Panizza e Gibì Baronchelli; quei nomi, al cospetto d'un epico "Mo-sèr!", suonavano scevri d'epica, adatti semmai a prestigiatori e artisti del varietà.

Rispetto allo Sceriffo, ero un vero imbranato. Con la mia Atala sapevo solo andare dritto e, ogni volta che raggiungevo il limitare del cortile, mi toccava scendere di sella. Era una faticaccia, manovrare a mano per invertire il senso di marcia, così mi impegnai per apprendere l'arte delle curve. Fu un piccolo miracolo, riuscire a compiere il primo giro completo: ora non v'erano più iati fra andata e ritorno e l'azione che prima era spezzettata si era fatta per magia continua, fluida, inarrestabile nel disegnare ovali e otto. Ero in estasi, ma la nuova continuità della mia azione non bastò a guadagnarmi l'ammirazione dei virtuosi di sei o sette anni.

Fu mio padre a svelarmi la dura verità: per cancellare dal volto dei più grandi l'arietta di sufficienza, avrei dovuto imparare a reggermi in equilibrio senza rotelle. «Darai qualche sederata per terra, all'inizio» volle avvisarmi. «Ci siamo passati tutti.»

«Purché non si rompa la testa» aggiunse Mamma e lui protestò che i bambini non andavano allarmati, ma spinti verso l'esperienza del mondo.

Il problema era che non avevo un campo d'allenamento diverso dal cortile e mi vergognavo all'idea di allineare capitomboli sotto gli occhi di tutti. Così, per quanto Babbo mi incoraggiasse, rifiutavo l'idea.

Solo lungamente blandito, accettai il compromesso di levare la rotella di sinistra. Trovai che l'equilibrio non ne risentiva troppo, in compenso potevo toccare velocità inaudite. Per qualche tempo sperimentai le mie volate solitarie e asimmetriche, imparando a gestire il rischio di un mezzo che, fatalmente, tendeva a sbandare. Riportai un certo numero di lividi, tutti sul lato sinistro del corpo, ma non ero certo l'unico bambino dalle gambe leopardate e le dita inanellate di cerotti.

Da qualche tempo, si attentava a cavalcare una dodici pollici perfino Mimmo Paglia, un bambino chiassoso e sovrappeso che abitava al terzo piano. Era costretto a vestire come un adulto e, a chi domandava come mai, rispondeva che i genitori avevano fatto un voto alla Madonna. Mi sfuggiva perché la Madre di Gesù dovesse rallegrarsi delle giacchette beige di Mimmo, sinceramente orrende, ma dubitavo che le fossero altrettanto care la sua voce gracchiante e l'attitudine a riempirsi la pancia di gazose, ghiaccioli e Girelle.

A ogni buon conto, nessun voto gli impediva di ruzzare in cortile, col risultato che i suoi completi formali assumevano nel giro di poco un'aria di grande trasandatezza; mio padre, riecheggiando sonorità sudamericane, lo chiamava il Descamisado.

I suoi parenti erano più espansivi dei miei e, da quando gli avevano passato la bicicletta della sorella – un ridicolo modello rosa, decorato con le figurine dell'Ape Maia –, era tutto un "Forza, Mimmo!", "Dài, Mimmo!" e "Bravissimo, Mimmo!". Lo incoraggiavano come stesse vincendo il Giro dell'Emilia, nonostante quell'impiastro si muovesse con lentezza scoraggiante, le guance fucsia e gli occhi sbarrati per lo sforzo. E poi si serviva ancora di entrambe le rotelle.

Fu per dimostrare la indiscutibile superiorità della

mia Atala su quel ridicolo modello da femmine che pretesi la rimozione dell'ultimo ausilio laterale: intendevo librarmi nel mondo adulto di chi pedala libero e senza confini, e volevo che al mio decollo assistessero Mimmo e tutti i suoi parenti. Purtroppo, lo spettacolo che offrii loro, e alla mia attonita genitrice, fu di altro genere: presa velocità per mantenermi in equilibrio, volli strafare e mulinai qualche pedalata di troppo. Non ero mai andato così forte e dovetti registrare che il cortile si accorciava di fronte a me con una rapidità inedita.

«Bloccate quella creatura prima che si ammazzi!» sentii gridare dalla signora Paglia: visto dalla sua prospettiva, dovevo sembrare un proiettile umano deciso a lanciarsi contro il cancello chiuso.

«Fermati, per carità! Appoggia i piedi!»

Questa, invece, era Mamma. Tendeva sempre a prendermi sottogamba e decisi di stupirla adottando la manovra d'emergenza che tante volte mi aveva salvato: sterzando bruscamente sulla destra mentre spostavo il peso dalla stessa parte, ero abituato a sentir la mia cavalcatura arrestarsi sul posto. Di solito, infatti, l'Atala veniva frenata dall'azione combinata della ruota anteriore e della rotella. Realizzai troppo tardi che quest'ultima non c'era più, e la manovra fu condannata all'insuccesso. Il cancello sparì all'improvviso dal mio campo visivo, i tigli del cortile e tutto il palazzo schizzarono verso l'alto come se il cielo li avesse risucchiati, e io finii disarcionato sull'asfalto con una botta secca di faccia.

Quando la madre e la sorella grande di Mimmo mi raggiunsero per soccorrermi, ero talmente indispettito dalla figuraccia che intimai loro di non toccarmi. «Sto benissimo» mentivo. «Ho fatto apposta. Non l'avevate capito?»

Appena arrivò mia madre, però, la pregai che mi portasse su in casa. All'improvviso, mi era venuta una gran voglia di guardare "La tv dei ragazzi", una borsa del ghiaccio calata sulla fronte a mo' di colbacco, e sarebbe stato fantastico se Mamma mi avesse tenuto compagnia.

Andare veloce. La Mirella

CATEGORIA	bicicletta da bambino da 16″, telaio pieghevole in acciaio
MARCA	Leri
VELOCITÀ	1
COLORE	telaio color rame metallizzato, parafanghi e carter cromati
DOTAZIONE	portapacchi integrato al telaio, campanello, cavalletto

Nel 1978, la mia giovane fede in Moser fu messa a dura prova: la maglia rosa del Giro andò a un altro belga, De Muynck, e Moser si dovette accontentare del gradino più basso del podio, battuto persino da Baronchelli. Con il buon Gibì non ce la si poteva prendere, ma i compatrioti di Cannibale Merckx si stavano allargando troppo: che la regina del Belgio avesse potenziato anche loro?

Fiamminghi e valloni furono così, senza saperlo, i miei primi nemici.

Ancor più dei diabolici belgi, tuttavia, zio Walter mi ammonì che andavano tenuti d'occhio i francesi: il loro Tour, appresi con amarezza, era una corsa a tappe ancora più ambita e gloriosa del nostro Giro. Anziché la maglia rosa, ne metteva in palio una gialla, e quella che premiava il miglior scalatore, che da noi era verde, in Francia era bianca a pois rossi come il mantello della Pimpa.

Sta di fatto che nelle nuove reticelle di biglie in vendita a Cervia non mancava mai il campione transalpino Bernard Hinault, per noi giovanissimi semplicemente *Bernardinò*.

Il vicino d'ombrellone Gerri di Parma voleva sempre tenere la sua pallina, e un giorno sostenne *apertis verbis* che Bernardinò era il più forte del mondo.

«Se il campione del mondo è Moser!» protestai a bordo pista, disgustato dalla sua mancanza di patriottismo.

«Ma quella è solo una garetta in linea da un giorno. Son buoni tutti a vincerla!» mi derise apertamente Gerri, consapevole come poteva esserlo uno scolaro di terza elementare con un padre ciclista dilettante. «Com'è che alle grandi corse a tappe non combina niente, il tuo Sceriffo?» mi incalzò. «Forse perché in salita fa schifo?»

Obiettai debolmente che secondo e terzo al Giro d'Italia non erano posizioni da disprezzare, e mi spinsi a promettere: «L'anno prossimo Moser vince la maglia rosa!».

Gerri mi annientò con una risata cattiva, in grado di contagiare gli altri bambini. «Bernardinò» ripeté, quando si furono zittiti. «È lui l'unico erede del Cannibale» e si chinò daccapo sulla pista, deciso a lanciare in fuga la biglia del Francese.

Consideravo il 1979 l'anno dell'immancabile riscatto, ma al Giro d'Italia qualcosa andò storto: il mio beniamino, che aveva indossato la rosa per la prima settimana di gara, finì ancora una volta secondo, e non preceduto da un belga o da un francese, ma dal giovane talento nazionale Beppe Saronni.

Ormai filavo sulla mia Atala senza rotelle, curvando al momento giusto e dosando quasi sempre le frenate in maniera sensata: sentivo che era tempo di impegnarsi in prima persona per risollevare le sorti del povero Moser. Se mi fossi allenato duramente, avrei potuto dargli una mano come gregario. Oh, sì. Se solo i dirigenti mi avessero consentito d'indossare la maglia verde della Sanson, avremmo potuto sbaragliare quel Saronni, i belgi dai nomi impronunciabili, e anche il temuto Bernardinò. Si poteva andare a vincere insieme il Giro e il Tour, io e lo Sceriffo.

Fu una piccola delusione scoprire da zio Walter che gli under 6 non erano ammessi al grande circo del ciclismo professionistico. In compenso appresi che esistevano selezioni giovanili e mi fissai con l'idea che un giorno ne avrei fatto parte. Per il momento, iniziai la militanza in una squadretta informale di giovanissimi, che comprendeva Rudi Ciompi del piano rialzato su Legnano verde ramarro e il pingue Mimmo con la sua lentissima bici da femmina.

Come di prammatica, alternavamo una Milano-Sanremo a giochi d'ambientazione western nei quali eravamo via via mandriani, cacciatori di taglie o pistoleri decisi a uccidere il corrotto governatore messicano, un ruolo al quale Mimmo si prestava sempre di malavoglia.

Avevamo preso il posto dei più grandicelli, che avevano ormai il permesso di uscire dal cortile per spingersi verso i giardini pubblici di Porta Saragozza, dove sfidavano a calcio le altre compagnie del quartiere e, al ritorno dalle loro scorribande, continuavano a non degnarci della loro attenzione.

Quasi morii d'invidia quando Lerri Ciompi, il fratello maggiore di Rudi fece la sua apparizione in cortile su un'autentica superleggera da corsa: con tutto che lui aveva undici anni, iniziai a carezzare l'idea di potermi sedere anch'io, un giorno, su una sella aerodinamica e di pelle meravigliosamente lucida per pedalare curvo in avanti, stringendo i manubri a corna d'ariete rivestiti di nastro isolante. In cotale guisa sì che avrei potuto presentarmi alla sede della squadra ciclistica Sanson e offrire i miei preziosi servigi!

L'anno seguente, nonostante il manubrio della mia Numero Uno fosse stato alzato al massimo, già ci sbattevo contro con le ginocchia. Anche il tubo della sella era quasi tutto allo scoperto, perciò mi abituai all'idea che presto avrei dovuto cambiare cavalcatura.

Speravo in un modello competitivo, in grado di farmi bruciare le tappe verso le selezioni giovanili, ché in quel 1980 la situazione di Moser appariva disperata: lo Sceriffo si era dovuto ritirare dal Giro, lasciando cogliere la vittoria al temibile Bernardinò, e qualcuno insinuava che presto avrebbe lasciato il mondo delle corse. Più che di un gregario, sembrava avere bisogno urgente di un buon amico e di un motivatore, e io dovevo farmi notare in fretta.

Non feci in tempo a congedarmi dalla mia buona Atala, le gomme ormai annerite e prive di scolpitura, che la sorpresa annunciata da Mamma si materializzò in cortile: sorse dal portabagagli della Simca di famiglia, piegata a libro, e quando Babbo l'aprì disvelando un telaio color rame privo di cannone, prima strabuzzai gli occhi e poi pensai a uno scherzo.

«Ma... è una bici da femmina!» protestai.

«A caval donato non si guarda in bocca» mi ammonì il Pater. Più che il cavallo Donato, era inequivocabilmente una giumenta. Il suo nome era riportato da un'esplicita scritta adesiva sul tubo dello sterzo: *Mirella*! Ero di fronte a una situazione inaudita e qualcosa mi diceva che la responsabile del misfatto era la Genitrice.

«Mamma!» mi disperai. «Perché?»

«Non ti piace?» domandò, evitando il mio sguardo.

«È da femmina, come quella di Mimmo Paglia!» ribadii, in preda all'orrore.

«È una bici di passaggio» ammise mio padre. «La usi un anno o due, e poi prendiamo in considerazione qualcosa di più... virile. D'accordo?»

Non sapevo cosa volesse dire virile, ma la portata della fregatura mi era chiarissima. Le mie ciglia si caricarono di lacrime.

Mamma, in preda ai sensi di colpa, confessò che il velocipede era un regalo di sua sorella; la cugina Livia ormai era cresciuta e zia aveva proposto di regalare a me la sua vecchia cavalcatura da sedici pollici.

Ecco dove avevo già visto quel cesso a pedali!

«Altrimenti sarebbe finita nel rusco» spiegò Mamma, come se la modestia e la frugalità fossero ragioni bastevoli per stroncarmi la carriera sul nascere.

«Nel rusco!» ripetei, con la segreta speranza che non fosse troppo tardi, ma Babbo mi porse con un'occhiataccia la bici da reggere: ormai era la mia.

Non fu semplice sopportare le prese in giro di Rudi Ciompi, più fiero che mai della sua *virile* Legnano: quanto a prestigio, ero stato retrocesso al livello di un Mimmo qualsiasi e non mi restò che rispondere alla sovversione dell'ordine con l'isolamento.

Pedalando da solo, appollaiato su quella sella straordinariamente alta, imparai ad apprezzare i pregi nascosti della mia nuova, orrenda, macchina: le ruote di diametro maggiore rispetto a quelle della Numero Uno esigevano più forza per avviarsi, ma poi riuscivo a coprire la distanza fra un capo e l'altro del cortile con meno colpi di pedale. Si andava forte e, quand'ebbi fatto mia la nuova postura rialzata, mi accorsi che riuscivo anche a piegare in curva. Incredulo delle mie nuove potenzialità, preparai la mia vendetta ai danni di Rudi Ciompi affinando lo stile di guida e l'accelerazione.

«Ti sfido» gli annunciai quando mi sembrò di essere al top della forma. «Tre giri della casa.»

Rudi scoppiò a ridere. Dava di gomito a Mimmo, certo del suo appoggio, ma il Descamisado ciccione aveva l'occhio lungo e rimase zitto.

«Procurati una bicicletta seria, se vuoi sfidarmi» ciurlò nel manico il Ciompi.

«Falla breve» lo invitai, grattando per la tensione le manopole in gomma zigrinata che proteggevano le prese del manubrio. «Corro con questa.»

«Io faccio l'arbitro» annunciò il Descamisado, e Rudi non poté sottrarsi.

«Guarda che ti straccio», e condusse la Legnano verso il cancello, punto di partenza di tutte le competizioni in grande stile. Da lì si filava sull'asfalto sino in fondo al cortile, al cospetto delle finestre sul retro del palazzo, quindi si guidava la bici sull'erba lungo uno dei lati corti dello stabile, che immetteva sotto la facciata. Il fondo erboso del terzo tratto era interrotto solo dallo stradello lastricato che portava allo scalone d'ingresso, quindi proseguiva sul quarto e ultimo lato del nostro circuito.

«Niente spinte. E niente sputi» misi in chiaro, mentre allineavamo le cavalcature sulla linea di partenza.

Mimmo pretese, per equità, che le nostre gomme posteriori toccassero il cancello, quindi salì sull'esiguo marciapiede che contornava la costruzione. Mentre si apprestava a dare il via, mi resi conto che Rudi aveva scelto il lato più favorevole per affrontare la prima curva.

«Tre...» iniziò il conteggio Mimmo, il braccio destro levato come reggesse la pistola dello start. «Due...»

«Ti straccio!» minacciò Rudi, il piede destro già pronto ad affondare in avanti la pedivella.

«Uno...»

«Sono Beppe Saronni e tu Moser su una bici da donna!» Rudi insistette nel provocarmi.

Seguì un ambiguo «Pum!» di Mimmo, e il Ciompi mi partì a razzo da sotto il naso.

«Partiti!» annunciò il Descamisado, mentre io faticavo a muovere i primi colpi di pedale, e aggiunse con foga da telecronista: «Meglio Saronni!»

Ormai conoscevo pro e contro delle nuove ruote, così non mi persi d'animo e, spingendo come un dannato, trovai la mia andatura. Adesso che procedevo a pieno ritmo, gli rubavo terreno a ogni colpo. Al momento di entrare nella prima curva eravamo affiancati. Rallentammo entrambi saltando sull'erba, ma la Mirella aveva guadagnato una traiettoria migliore: lo infilai sull'interno e, con mia stessa sorpresa, mi ritrovai in testa. A ogni pedalata si faceva più concreto il sogno di lasciare Mimmo a bocca aperta, materializzandomi sul traguardo volante del primo giro.

«Moser! Moser!» prese a gridare Mimmo con l'entusiasmo di uno schiavo liberato. «Comincia in testa il secondo giro!»

«Forza! Forza, Saronni!» si incoraggiava Rudi, alle mie spalle, ma si capiva che faticava sul fondo irregolare.

Quando mi trovai davanti il piccolo salto che portava a tagliare il viottolo lastricato, lo superai di slancio, invece la sua Legnano si piantò e finì per intraversarsi.

«Porcaccia Eva!» lo sentii gemere, ma non mi girai per guardare se aveva bisogno di aiuto: mi bevvi l'ultima curva sull'erba e spuntai sull'asfalto esaltando il Descamisado.

Mi bevvi in solitaria il rettilineo dell'ultimo giro, e saltai di nuovo sull'erba: Saronni non si vedeva più, né avanti né dietro, e ne provai un senso di inquietudine. Adesso pedalavo contro i fantasmi, e fu un sollievo quando mi riapparvero gli amici, prima Mimmo, beato sul traguardo e, dietro l'ultima curva, anche Rudi: mentre lo doppiavo, era impegnato a districare la bicicletta dalla siepe a lato del circuito.

«Mo-sèr! Mo-sèr! Abbasso Saronni!» esultava Mimmo mentre mi abbracciava. Era sudato e odoroso di timballo ma, in quel momento, la sua stretta ipercalorica mi parve gradevole come il bacio delle miss al vincitore di tappa.

Inorgoglito della mia prima vittoria, accettai una proposta di Babbo per un raid fuori dalle mura del cortile.

«Ti va di pedalare un po' ai Giardini Margherita?» fu la sua innocente proposta, invero comune tra i padri bolognesi.

Fui io, come sempre, a travisare la realtà. Il fatto era che ai Giardini, una volta avevo visto i protagonisti del pedale sfidarsi nel Criterium degli Assi, così non potei rinunziare a immaginarmi un'edizione straordinaria per quello stesso pomeriggio. Io naturalmente avrei partecipato nei panni dello Sceriffo.

I bambini che pedalavano fra le tombe etrusche e il laghetto delle papere non sapevano affatto di essere, ai miei occhi, dei rivali. Come i belgi, vivevano beati e inconsapevoli del mio odio. Andavo a ruota di Babbo e intanto superavo senza fatica Baronchelli e Pollentier, De Muynck e Bernardinò, lieto di poter dimostrare il mio smisurato talento lungo un anello tanto prestigioso. Superata la statua equestre del re, iniziai ad accusare la fatica: vinsi solo con un vergognoso zig zag la tratta in salita sotto il circolo del tennis, ma ritrovai la scia del Genitore sul falsopiano che conduce alle Elementari del parco. Col favore di una leggera pendenza, fui libero di sprigionare tutto il potenziale delle mie ruote da sedici: per qualche secondo filai accanto a mio padre, che pedalava fiero sul suo scassone dell'epoca di Coppi, sapientemente decorato sul cannone ad anelli di nastro adesivo rosso e blu.

«Certo che vai!» considerò, da lassù.

«Sono Moser» rivelai, inebriato dalla discesa, mentre il Pater scompariva gradualmente dal mio campo visivo.

«Forse dovresti frenare un po'» suggerì, garbatamente, alle mie spalle, e io ebbi per la prima volta la sensazione di trovarmi in pericolo.

Mi chiamò, due o tre volte, sempre più lontano. «Frena!» gridò alla disperata nella mia scia, poi non lo sentii più.

Mica avevo mai frenato, sulla Mirella. Solo spinto in avanti e piegato in curva, così non ero tanto sicuro di come si facesse a fermarsi. Era una consapevolezza con la quale fare i conti, mentre filavo verso la fine del rettilineo, dritto verso la gabbia del leone Reno.

Il vecchio felino era il pezzo forte dei Giardini Margherita, la mascotte della città e il ruggente amico di tutti i bambini. Bambini come quelli che, al momento, se lo indicavano e provavano a suscitarne le reazioni, ignari del kamikaze in arrivo alle loro spalle.

Calai entrambe le suole a terra per rallentare, provando a stringere le leve dei freni: sembravano pietrificate. Le grida di terrore delle donne che mi vedevano sfrecciare verso la prole non mi aiutarono a trovare la giusta concentrazione. I loro figli erano ormai così vicini che falciarli mi appariva l'unica alternativa a un tremendo impatto contro il basamento in pietra della gabbia. Mi appesi con forza disperata alle leve dei freni, ma riuscii a tirare solo quella che governava i tamponi della ruota anteriore: il mio sprint fuori controllo si trasformò in una spettacolare inchiodata, e io presi letteralmente il volo al di sopra del manubrio. Traversai lo spazio sentendomi nudo, orfano com'ero della mia Mirella, e mi schiantai rovinosamente ai piedi dei coetanei sbigottiti.

Non ricordo se il leone Reno abbia ruggito, ché per qualche secondo fui troppo impegnato a scacciare con sdegno il crocchio che si era radunato intorno alle mie spoglie.

«Perché non hai frenato?» domandò mio padre, pallido come un cencio. «Ehi, mi riconosci?»

Quello fu il momento in cui davvero ebbi paura. Appena fu certo che rispondevo a tono e che avevo ancora i denti in bocca, congedò i curiosi per poi domandarmi con aria di rimprovero: «Come ti sei conciato?».

Non sapevo tanto bene cosa rispondere e, mentre mi aiutava a mettermi a quattro zampe, concluse da solo: «Porca malora, sei un san Sebastiano!».

Doveva essere un tizio orribile, contando che mi sanguinavano la fronte e il labbro superiore, e che al posto delle nocche le mie mani potevano vantare altrettante sbucciature aperte.

«L'importante è che sia a posto la testa» stabilì Babbo. «Come va la testa?»

Non sentivo più il naso ma, a parte quello, era ancora attaccata al collo.

«Andiamo a mettere del ghiaccio?» sollecitai, ma Babbo aveva un piano più urgente.

«Prima risali in bici. Raddrizziamo il manubrio e ci fai un altro giretto, poi pensiamo alle medicazioni.»

«Mamma dice che, quando esce il sangue, bisogna disinfettare subito» feci presente. Ero scosso dal volo e non avevo fretta di cavalcare di nuovo quella traditrice della Mirella.

«È giusto» ammise mio padre. «Ma Babbo dice un'altra cosa: quando vieni disarcionato da cavallo, devi subito risalire in sella. È un fatto di sicurezza in se stessi.»

Mi faceva male tutto e non potevo piegare le ginocchia senza farle sanguinare, ma il Genitore pretese che dimostrassi pieno controllo del veicolo che, poco prima, mi aveva catapultato in aria. Ignorando le mie lacrime, e le comari che gli davano del mostro senza cuore, mi costrinse a pedalare in tondo per il tempo che gli parve adeguato. «Così può andare» decretò a un bel punto, «mi sembra che tu abbia ripreso confidenza», e solo allora acconsentì a cercare una farmacia.

Sparire alla vista. La Furia

CATEGORIA	bicicletta da cross da bambino da 20″, telaio in acciaio
MARCA	Chiorda
VELOCITÀ	3
COLORE	telaio nero, parafanghi e carter cromati
DOTAZIONE	targa portanumero, cavalletto

Nel 1981, ai piani alti delle hit parade internazionali convivevano la raccolta postuma di John Lennon e *Start Me Up* dei Rolling Stones, lo ska degli Specials e un giovane Michael Jackson, *Tainted Love* dei Soft Cell e l'avanguardia neotribale di Adam and the Ants.

In Italia era la stagione di Claudio Cecchetto col suo *Gioca jouer*, di *Maledetta primavera, Cicale* e *Rock'n'Roll Robot*.

Il presidente partigiano occupava con autorevolezza il Quirinale; Spadolini del PRI era divenuto di recente il primo non democristiano a rivestire la carica di presidente del Consiglio e, tutto sommato, il Paese sembrava indirizzato sulla via della ripresa dopo lo sfascio e le contrapposizioni degli anni Settanta.

Nemmeno gli studenti a zonzo in piazza Verdi osavano più inneggiare alla rivoluzione, al massimo organizzavano vacanze nei campeggi nudisti. Il fatto era che, come la Democrazia cristiana, anche il comunismo andava perdendo via via ogni appeal: lo stile di vita americano, prospero, dinamico e sorridente, era più che mai il modello di riferimento e persino le scuole elementari più agresti, dove ancora i bambini parlavano fra loro in dialetto, presero a includere nei programmi un'ora settimanale di lingua inglese.

Inclini a intercettare lo spirito dei tempi, noi bimbi d'Italia cominciammo a interessarci un po' tutti al basket NBA (meglio i Lakers di Kareem Abdul-Jabbar o i Celtics di Larry Bird?), allo skateboard, agli hamburger e, in generale, agli esotici costumi in voga fra la California e la Nuova Inghilterra, così come potevamo mettere insieme indizi sul federalismo o sul Giorno del ringraziamento tramite "Happy Days", i fratelli Bradford e le sagaci battute di Arnold.

Eravamo nel bel mezzo del cambiamento, ma Moser doveva essere un irriducibile conservatore: nonostante la mole di successi nelle corse da un giorno, continuava testardamente a non vincere il Giro.

Nell'81 lo Sceriffo e Saronni, gli attesi arcirivali, si erano limitati a vestire in rosa per pochi giorni a testa e, alla fine, aveva vinto il vicentino Battaglin.

Nel 1982, poi, la legge di Bernardinò aveva conquistato nuovamente il Bel Paese. Moser non era giunto che ottavo, e si era dovuto accontentare, a mo' di premio di consolazione, della maglia ciclamino della classifica a punti.

Si stava pericolosamente sfiorando il ridicolo, e in settembre noi sostenitori dello Sceriffo conoscemmo la nostra Caporetto. La località precisa, per la verità, aveva nome Goodwood e vi si teneva la Coppa del mondo di ciclismo: fu lì che Beppe Saronni, incontenibile nella foga dei suoi venticinque anni, staccò tutti, compreso Bernardinò, per aggiudicarsi la prestigiosa maglia iridata, la stessa che un tempo era appartenuta al mio appannato eroe.

Per mesi, Saronni ci si pavoneggiò su tutti i mezzi di comunicazione, una mossa mediatica che interpretai come uno sberleffo; persino "Il Giornalino", normalmente sensibile nei suoi redazionali, ebbe il pessimo gusto di includere un suo poster-omaggio. Così, tanto per versare nuovo sale sulle nostre ferite.

Anche il ciclismo da cortile stava per evolversi nel segno dell'America.

Ne fui certo quando Rudi Ciompi si presentò in cortile su una Leopard giallo canarino, ispirata nella ciclistica a una moto da cross: il telaio a tubi curvi, il manubrio oltraggiosamente largo e le grosse molle degli ammortizzatori inocularono in me, dal primo istante, il virus dell'invidia. Il suo unico difetto era la sella lunga a due posti, che induceva Mimmo Paglia a reclamare passaggi come una fidanzata petulante.

Se però il Descamisado non era in vista, Rudi poteva permettersi mirabilie. Con quel mostro sotto il sedere, filava sull'erba incolta come sull'asfalto. Mentre si allenava a saltare su e giù dai marciapiedi mi guardava con aria di sufficienza, e io credevo di sapere cosa aveva in animo.

Nel giro di poco, pretese una rivincita. La Mirella non aveva una singola possibilità contro la Leopard: appena fuori dall'asfalto mi avrebbe staccato senza rimedio, e tre lati della pista su quattro erano sull'erba. Tentai di evitare la disfatta, posticipando ad arte la sfida e intanto lavoravo nell'ombra.

Dai tempi del disastro ai Giardini Margherita, i miei non avevano più guardato con troppo favore la Mirella, come se portasse ancora addosso l'odore della colpa, o qualcosa del genere. E io speravo che il mio sfortunato modello da femmina venisse sostituito, a breve, da una cavalcatura più moderna e incline ai terreni accidentati.

Il mio attendismo costò caro: adesso, quando Mimmo e Rudi giocavano ai Chips, stretti l'uno all'altro in sella alla Leopard, non mi consideravano più. Ero ridotto a starmene in disparte con mio fratello Riccardo, più giovane di quattro anni e perfettamente a proprio agio sulla mia vecchia Numero Uno. La vita in cortile si stava facendo impossibile, così implorai i miei di darsi una mossa.

«Che problema c'è?» Babbo m'invitò a considerare la questione con filosofia. «Se quello ti batte, chiedigli subito la rivincita a bici scambiate.»

«Ma non me la presterà mai, la Leopard!» tentavo di aprirgli gli occhi.

«Allora è segno, anzi prova, che se la fa sotto. Questo perché sa di non essere davvero il più forte, e tu risulti automaticamente il vincitore morale.»

Non volevo risultare il vincitore morale, volevo tagliare il traguardo per primo e chiedevo solo un mezzo adeguato per farlo, ma il Direttore Sportivo sembrava deciso a ignorare le mie richieste. Probabilmente aveva stabilito in cuor suo che, a quel punto della mia carriera, sarebbe stato educativo assaporare il gusto della sconfitta. Così, dopo essere stato campione del cortile e bambino volante, avrei visto la faccenda sotto una luce nuova: come Moser, sarei stato condannato a risalire da un abisso.

Ancora non mi ero deciso a concedere al Ciompi la sua rivincita, quando Mamma decretò che ero abbastanza grande per pedalare sulla pubblica via insieme a lei. Avevo otto anni, e il cortile, ormai, mi andava stretto!

Fui sottoposto a un allenamento intensivo, studiato per incentivare la mia affidabilità; prevedeva prove pratiche e domande trabocchetto ordite da Mamma. Superato ogni test, la mia prima missione consistette nel pedalare in scia alla sua olandese fino a casa di Nonna: si trattava di traversare il quartiere come tante volte avevamo fatto a piedi, ma la prospettiva dalla strada mi garantì uno spettacolo del tutto inedito.

Com'erano diverse, le cose, cambiando velocità! Non facevi in tempo ad abituarti allo spettacolo d'una via, che già avevi svoltato e ti trovavi di fronte una scena nuova. Bordeggiando il mercato rionale, si succedevano in fretta i chioschi e le vetrine dei negozi dai quali normalmente si passava carichi di spesa, lenti come pellegrini e inclini a perdere tempo in chiacchiere. Noi invece filavamo veloci sulla lingua d'asfalto, e solo di tanto in tanto Mamma si girava per controllare che ci fossi ancora. Mi parlava, ma non capivo una parola di quel che mi diceva né lei intendeva le mie risposte.

Quando ormai mancava poco, riconobbi zio Walter che usciva dal bar Acquadêla mangiando un gelato; Mamma pedalava ignara, così fui io a chiamarlo e a suonare il campanello, ma lui si limitò a volgere lo sguardo per un attimo e subito lo distolse, senza davvero mettere a fuoco la carreggiata. Non ci aveva visti! Fu allora che realizzai come filare su una bici equivalesse a chiamarsi fuori dalla vita sociale che si svolge lungo i marciapiedi: a quanto pareva, la solitudine era il prezzo della velocità.

«Allora com'è andata?» domandò Mamma frenando l'olandese sotto la casa nella quale era stata ragazza. Le ridevano gli occhi, nel guardarmi, come fosse stata lontana molti giorni e si stupisse di ritrovarmi. Era tutto così strano che ne provai un sottile timore, ma lei mi rassicurò. «Sei stato bravissimo» disse, carezzandomi la testa sudata. «Appena siamo su, devi assolutamente raccontare a Nonna del nostro viaggio.»

Da allora, ogni volta che Mamma mi proponeva di accompagnarla da qualche parte in bici accettavo con entusiasmo. Non sapevo più fare a meno di quella sensazione straniante e vertiginosa data dal filare, veloci e invisibili alla gente comune, attraverso una città che non sembrava mai la stessa.

Così, quando la sconfitta venne e Rudi Ciompi alzò da terra la gialla Leopard in segno di trionfo, non ne soffrii troppo: andare in bici in cortile era per me roba da mocciosi, nient'altro che un diversivo. Ormai viaggiavo per strada come i grandi, io, in mezzo al traffico di utilitarie Fiat, furgoni e motorini. Lo vasto mondo era il mio paese, tanto che, quando la Rai mandò in onda il film a puntate dedicato al viaggio di Marco Polo, stabilii che un giorno anch'io avrei superato confini, solcato deserti e traversato imperi.

Serviva solo procurarsi il mezzo adatto, e non stancarsi mai di spingere sui pedali.

La Mirella andò in pensione nei giorni concitati delle regate di Azzurra. Se l'Italia poteva dire la sua perfino nella vela, bisognava stare certi che non esistevano risultati impossibili. In quell'atmosfera dolcemente euforica, mio padre si sbottonò: presto sarebbe andato in visita da un buon biciclettaio per cercarmi il mezzo ideale alla nuova era.

Speravo in cuor mio nella Saltafoss, una bici fuoristrada leggendaria, ritenuta in grado di correre sull'asfalto come fra le rocce. Era abbastanza robusta da consentirti di scendere da San Luca lungo le ripide scalinate del portico, e si diceva che il fratello grande di Rudi, in una notte d'estate, l'avesse fatto davvero. Poiché era una bicicletta molto costosa, mi sarei accontentato volentieri anche d'un modello chopper di terza mano, come il Tin Tin Ager dal minuscolo ruotino anteriore e il manubrio da giganti che i signori Paglia avevano procurato a Mimmo.

Quella specie di cavalcatura da Hell's Angels priva di motore era famosa perché, a leggere la pubblicità sui giornalini, la si poteva vincere tramite un concorso delle merende Alemagna. Mimmo non ce l'aveva mai fatta nonostante ne consumasse a quintali, così alla fine i genitori si erano arresi e ne avevano trovata una d'epoca nel corso delle vacanze pasquali. Portarla su da Gioiosa Jonica non era stato semplice, e la Tin Tin ancora recava i segni del brutto momento in cui si era sganciata dal portapacchi all'altezza di Lagonegro. Avevano recuperato la bicicletta correndo fuori dalla macchina a rischio della vita e, conoscendo la signora Paglia, ero pronto a scommettere che l'operazione era stata condotta a base di strilli disumani, in grado di coprire il rombo degli autoarticolati.

Ora che la pregiata cavalcatura era giunta a destinazione, il Descamisado non se ne staccava nemmeno per farcela provare un minuto. Nella sua nuova tracotanza, rivendicava per sé il ruolo di Poncharello, il più carismatico fra i Chips, e un giorno passò decisamente la linea.

«Io ero Ponch, Rudi era l'agente Jonathan, e tu» concesse, «con quella bici da femmina, puoi fare la ladra in Ciao che noi inseguivamo.»

La proposta di interpetare una donna a bordo di un ciclomotore suonava decisamente oltraggiosa. Ero esterrefatto, ma il Ciompi, anziché manifestarmi la sua solidarietà, lasciò andare una risatina da ponziopilato e disse: «Niente scherzi. Io ero Ponch e tu, Mimmo, l'agente Jonathan».

«E io?» domandai a orecchie basse. «Facciamo che ero il sergente Joe?»

«Per me va bene» approvò Rudi.

«Con quella bici, non puoi essere dei Chips» si mise di traverso il Descamisado sul chopper salvato dall'autostrada.

«Chi sei per decidere?» lo affrontai. «Sei il più lento di tutti!»

«Ah sì? E la tua bici è da sfigati!»

Erano entrambe affermazioni inconfutabili, ma perdemmo la testa come se l'altro avesse detto chissà quale enormità. Lasciammo cadere le bici e ce le demmo di santa ragione, sordi ai richiami del Ciompi che ci girava intorno strillando: «Calma, ragazzi! Vi ricordo che siamo la California Highway Patrol!».

Per farci smettere, servirono le grida terrificanti della signora Paglia che, affacciata alla finestra, prese a sgolarsi come un muezzin: «*Akkorruom'! 'E criature si accidono!*».

Sottoposto a una pressione morale ormai insostenibile, quasi piansi di gioia quando arrivò anche per me una bicicletta americana: era nera come la notte, smisurata nella sella, e sul tubo era scandita a lettere adesive la scritta *Furia*. Non potevo credere ai miei occhi: il mio cavallo del West aveva il telaio tutto d'un pezzo, non pieghevole come quello dei bimbi, e in più poteva vantare un cambio a tre velocità e gli ammortizzatori davanti e dietro! Arrivava munita di una targa portanumero già adorna di un adesivo dell'Estathé e di grandi ruote tassellate da venti pollici, a prima vista adattissime per i crudi sterrati della Via della Seta.

«È della stessa ditta che ha fatto vincere il Mondiale a Gimondi» illustrò Babbo. Rimase a misurare l'effetto delle sue parole, ma sapeva anche lui che, ai miei occhi, Gimondi era il Medio Evo e quella bicicletta la quintessenza della modernità. «Ha gli ammortizzatori regolabili» aggiunse poi, e restò a guardarla senza muovere un dito, come si aspettasse che la forcella rispondesse ai comandi vocali. Su incoraggiamento di Mamma, ci ingegnammo a capire come modificarne la corsa e, una volta trovato il metodo, regalammo alla Furia un assetto ibrido.

Così filava benone anche sull'asfalto, in scia all'olandese, ma non vedevo l'ora di esasperare le sue caratteristiche da fuoristrada, certo che presto avrebbero lasciato di stucco il Ciompi e il suo Descamisado *acquaiolo*.

L'unico dispiacere fu non poterci uscire insieme a Babbo: dal giorno del mio spettacolare volo al cospetto del leone Reno, non l'avevo più visto salire in sella, come se quella caduta avesse traumatizzato più lui di me. Poiché rifiutava i miei inviti e faceva il vago sull'argomento, iniziai a sospettare che avesse fatto voto di non pedalare mai più.

Adesso che in cortile eravamo tutti e tre forniti di bici americane a sella lunga, l'armonia si ricompose come ai tempi d'oro.

A essere cambiata era la natura dei nostri cimenti.

Smettemmo di gareggiare, e anche di giocare ai Chips. Chi si fosse affacciato sul nostro terreno di gioco avrebbe dunque trovato tre ragazzini intenti a studiare da cascatori: salti sempre più arditi, impennate spericolate e slalom stretti fra i barattoli rimediati in casa andavano sostituendo, un giorno alla volta, il culto della velocità fine a se stessa.

Bici dalle selle oblunghe che si coprivano in fretta di adesivi – *Marlboro, Adidas, Camel Trophy* –, ginocchia sbucciate e un gergo peculiare erano i nostri segni distintivi: non sono sicuro che un sociologo ci avrebbe definito una "sottocultura", ma di certo avevamo preso una deriva tutta nostra.

A nove anni poteva bastare una Furia da cross con la forcella regolabile per vivere allo stesso tempo due vite diverse, quella su strada del viaggiatore silenzioso e invisibile in scia a Mamma e quella, cameratesca e sguaiata, del virtuoso esibizionista da cortile.

Come Big Jim 004, anch'io potevo finalmente assumere diverse identità, e mi beavo della versatilità del mio mezzo. Improvvisare frenate in sgomma al grido di "Banzàààì!" o spanciarsi dalle risate per l'ennesimo capitombolo del giovane Paglia non sembravano attività in contraddizione col sogno di usare la Furia per viaggiare dignitosamente attraverso i grandi spazi, e la sera mi divertivo a sfogliare l'Atlante generale De Agostini per stabilire le tappe delle mie future spedizioni.

Marco Polo e la sua via per il Catai continuavano ad affascinarmi, ma la mia agenda si andava arricchendo di impegni per molti degli anni a venire: dovevo perlomeno traversare l'Europa lungo il vecchio limes dell'Impero romano, ripercorrere i passi della spedizione di James Bruce alle sorgenti del Nilo Azzurro e, senza sottovalutare le insidie del pack, addentrarmi nell'Artide come Ambrogio Fogar e Armaduk.

Il tempo sembrava dalla nostra parte, nel 1983. Di fatto, gli unici pedalatori che mugugnavano erano mio fratello Richi e Francesco Moser: il primo perché si era ritrovato erede della Mirella, e l'altro perché la fortuna continuava a sorridere, sfacciatissima, a Saronni.

All'ultimo Giro aveva vinto di nuovo il Beppe, che così aveva sommato la maglia rosa a quella di Campione del mondo in carica, oscurando in una maniera che sembrava definitiva la fama dello Sceriffo.

Anche noi tifosi, giunti a quel punto, eravamo pronti a metterci il cuore in pace: a trentadue anni, il nostro eroe sembrava destinato a cedere il passo senza aver mai scritto il proprio nome fra i vincitori della corsa rosa. Proprio come vaticinato sulle spiagge adriatiche, nella notte dei tempi, da un aspirante iettatore di Parma.

Nessuno poteva sapere che, in realtà, Francesco Moser si preparava a chiudere la carriera coi fuochi d'artificio.

L'anno dello Sceriffo

IN BREVE	Francesco Moser, detto lo Sceriffo, classe 1951, Palù di Giovo
CARATTERISTICHE	passista veloce
CARRIERA DA "PRO"	dal 1973 al 1988
STAGIONE MIGLIORE	1984, record dell'ora e Giro d'Italia
GLI ANNI VERDI	cresciuto tra 11 fratelli, 3 dei quali professionisti del pedale
LA FRASE STORICA	«L'esperienza conta.»

Dopo settimane di allenamento specifico, test biomeccanici e migliorie al veicolo, nel gennaio 1984 l'entourage di Francesco Moser annunciò che il ciclista avrebbe tentato il record dell'ora, sin lì fissato a 49 chilometri e 432 metri da Merckx. Il primato del Cannibale, ottenuto sul circuito di Città del Messico, resisteva da dodici anni, e proprio su quell'anello in terra azteca lo Sceriffo avrebbe tentato di demolirlo.

Il giorno 19 il nostro eroe si presentò in pista con una tenuta impreziosita da un casco aerodinamico, a bordo di una bicicletta speciale con ruote simili a dischi volanti. Era la prima volta che si vedevano ruote lenticolari a raggi coperti, destinate a diventare uno standard per le prove contro il tempo, e su quella macchina da *2001. Odissea nello spazio* Moser riuscì a coprire 50 chilometri e 808 metri. Nessuno al mondo aveva mai coperto una distanza del genere in sessanta minuti, ma in fondo il nostro eroe era solo in pista, con un inquietante elmo a pentola in testa, e vederlo girare in tondo come un criceto non era stato per nulla appassionante.

Io, che mi ero esaltato per le sue vittorie nelle classiche da un giorno e le sue temporanee maglie rosa, non provai che una contenuta fierezza di fronte al suo trionfo in solitaria: qualcosa non quadrava se, per toccare il cielo, lo Sceriffo si era dovuto esiliare in pista, su una bici sperimentale e lontano dalla carovana multicolore del gruppo. Il mio eroe si stava trasformando in un circense, sicché restai quasi indifferente quando, pochi giorni più tardi, giunse l'eco d'una nuova prestazione da record: Moser era sceso di nuovo sulla pista messicana e aveva ritoccato il record portandolo oltre i 51 chilometri, un primato in grado di resistere per quasi un decennio.

La spedizione oltreoceano si rivelò foriera di grande gloria per il ciclista e il suo staff. Alti peana furono levati in onore degli scienziati coordinati dal professor Arcelli, che molti ritenevano i veri artefici dell'operazione. All'epoca del Moser trasformato in proiettile umano, il grande pubblico non conosceva ancora termini come "doping del sangue" ed "ematocrito", così la stampa preferì sottolineare l'avveduto impiego del cardiofrequenzimetro e le innocenti novità nella dieta del ciclista: non più riso e bistecca, ma carboidrati a profusione.

I pochi che protestarono contro il ciclismo scientifico, e la visione dell'uomo come una macchina da spingere oltre i propri limiti, furono tacciati di oscurantismo e di menar rogna: perché cercare il pelo nell'uovo e non unirsi ai cori di giubilo?

In fondo, il ciclismo era uno sport massacrante e gli atleti si erano sempre dati un aiutino: ai tempi di Girardengo durante la gara buttavano giù una dozzina di tuorli d'uovo, poi era venuto il tempo di caffeina e anfetamine, da ultimo si parlava di autotrasfusioni. Ma chi eravamo noi, cittadini d'Italia, per condannarli? Si doveva davvero biasimare un cristiano che, dovendo pedalare tutto il giorno per tre settimane di fila, si affidava a un medico per sopportare meglio la fatica? Non era stato così anche per Cannibale Merckx, ai suoi tempi? E non ci saremmo forse noialtri, nei panni dei ciclisti, comportati allo stesso modo? Allora cosa c'era d'immorale, se uno staff medico all'avanguardia si metteva a disposizione di un grande campione, per aiutarlo a pedalare alla inaudita media di cinquanta e passa chilometri orari?

Lo Sceriffo aveva aiutato la scienza come la più

lussuosa delle cavie e la scienza in cambio l'aveva aiutato a scrivere il proprio nome negli annali del ciclismo. La Nazione ne aveva ottenuto l'ennesimo alloro, bisognava essere contenti così.

Era l'anno dell'utopia a rovescio di Orwell e delle Olimpiadi di Los Angeles, vetrina dell'America trionfante: Moser, il ciclismo e tutti noi stavamo cambiando per sempre, fieri di abbandonare vecchie usanze per pedalare finalmente al passo coi tempi, lieti di irrompere coi nostri superpoteri nella dimensione fosforescente e robotica dove i computer non lasciavano nulla al caso, ogni risultato era possibile, e non esisteva più il peccato.

Da allora scienziati veri e apprendisti stregoni non avrebbero più lasciato la scena, impiegando gli strabilianti risultati ottenuti su pista per affollare la carovana delle grandi e piccole corse su strada.

Quella primavera Moser tornò al Giro come capitano della Gis - Tuc Lu: secondo gli esperti, era realisticamente la sua ultima occasione per portarsi a casa la maglia rosa.

Il nuovo uomo da battere era il biondo francese Laurent Fignon, detto il Professorino perché correva con gli occhiali da vista. Gregario del mitico e ormai logoro Bernardinò, l'anno prima Fignon aveva approfittato dell'assenza del capitano per aggiudicarsi il Tour de France. Pareva intenzionato a raddoppiare, stavolta usando il Giro come antipasto.

La sfida tra Moser e Fignon venne annunciata come la tenzone fra il più veloce e il più completo, e vi si lesse in trasparenza l'eterna contesa dell'esperienza contro la gioventù, la tradizione contro l'avanguardia e, non ultimo, l'ennesima espressione del cordiale rancore che ci lega da secoli ai cugini d'Oltralpe. I nostri ragazzi in tenuta bianca a bande rosse, blu e gialle della Gis - Tuc Lu e i forestieri in giallo e nero della Renault-Elf, montati su biciclette Gitane, non avrebbero corso una semplice gara a tappe: si era di fronte a una moderna riedizione della disfida di Barletta, e alla fine non ci sarebbe stato altro che gloria per i trionfatori ed eterno disonore per gli sconfitti.

In realtà, poiché il Brionvega di casa era un dinosauro accreditato alla sola ricezione in bianco e nero, i colori delle maglie mi limitavo a desumerli dalle indicazioni dei telecronisti. Il 17 maggio, tuttavia, non ebbi problemi a riconoscere il vecchio Moser: seguii praticamente in apnea i cinque chilometri del cronoprologo di Lucca, e presi come un buon auspicio la facile vittoria che gli regalò la prima maglia rosa della corsa.

La sera dopo, a Marina di Pietrasanta, se ne impossessò senza complimenti il Professorino francese, che mantenne la testa della classifica anche dopo la terza tappa, dalla Versilia a Firenze.

«E qui ti voglio, Laurent Fignon!» ringhiai alla televisione, quando venne annunciata la tappa dell'indomani, 110 chilometri con partenza da Bologna e arrivo sul colle di San Luca che domina la città. «Adesso ti tocca venire a sputare l'anima da noi, Professorino del menga!»

Conoscevamo tutti molto bene quella salita: la prima rampa staccava dall'arco del Meloncello, a cinque minuti da casa, e procedeva con pendenza imperterrita alla destra del portico. Dopo qualche centinaio di metri si faceva via via meno ripida, ma era solo un trucco per illudere gli stolti. Di lì a poco, infatti, l'asfalto infilava un sottopasso dal quale risbucava disegnando una diabolica doppietta di tornanti in pendenza, la famigerata "curva delle Orfanelle". Ero sicuro che il Genius Loci si sarebbe opposto al Francese e, per aizzarlo, presi a cantare: «Vai Francesco Moser! Siamo tutti con te!».

Babbo mi rivolse un'occhiata perplessa. E ancora l'aria non aveva riecheggiato delle orribili dicerie sui transalpini captate a scuola.

«E Fignon sai chi è?» arrivai al parossismo della mia canzoncina. «Un quattrocchi che non fa il bi-dèèè!»

Il mio siparietto non strappò che un pallido sorriso, quindi mio padre sospirò, poi mi sottopose a un corso accelerato di storia. Scomodò termini come Ancien Régime, Illuminismo e Restaurazione, il tutto per dimostrarmi che la Francia era la madre delle moderne libertà.

«D'accordo, Babbo, ma non è questo il punto!» feci presente, ormai stremato. «Domani Moser passa da qui, e io non voglio perdermelo! Ci andiamo, vero?»

L'indomani trovai il quartiere trasformato in una grande fiera a cielo aperto: coloratissimi striscioni pubblicitari erano fioriti su edifici antichi e moderni a ridosso del percorso, e in piazza della Pace una gran folla si assiepava intorno ai banchetti e alle auto scoperte degli sponsor. Da lì, signorine sorridenti distribuivano cornucopie di regali di ogni sorta: finivano in mano alla gente cappellini a visiera, adesivi, bibite, caramelle e persino gelati senza bisogno di sborsare una lira.

«Il paese di Bengodi» commentò mio padre, e aggrottò le sopracciglia quasi si preparasse a spiegarmi, in mezzo a quella bolgia, il concetto di materialismo. «Vatti a prendere un gelato» m'incoraggiò, invece, all'avvicinarsi di una postazione mobile della Sammontana.

Per lealtà di bandiera avrei dovuto mangiare solo gelati Gis, lo sponsor del Campione, ma in giro per i bar non ne avevo mai visti, e neanche quel giorno sembravano disposti a palesarsi; così, cancellando il senso di colpa, m'imbrancai fra *cinni* e pensionati a reclamare il "gelato all'italiana" della concorrenza.

Ottenni una Coppa Oro mezzo squagliata, che consumai mentre Babbo mi guidava attraverso il mare di gente e veicoli: adesso la folla risaliva compatta verso l'arco del Meloncello, per guadagnare quota lungo il portico e assicurarsi una buona visuale della salita.

Migliaia di persone si ostacolavano a vicenda sotto

l'infilata degli archi, chi reclamando strada per salire verso le Orfanelle e chi sgomitando per aggiudicarsi una porzione di parapetto; presto fu chiaro che era impensabile arrivare fin lassù, e ben valeva scendere in strada per posizionarsi sul ciglio opposto, lungo l'esigua striscia di prato che bordeggiava il primo impennare della rampa.

Nessun bambino di dieci anni era in grado di salire a San Luca per quella via, così non sapevo che andatura dovevo aspettarmi dal gruppo: sarebbe transitato a palla di fucile, infischiandosene del dislivello, o avrei veduto gli uomini arrivare sgranati, in piedi sui pedali, il corpo inarcato nello sforzo di mantenere la cavalcatura in traiettoria?

«Sono in gruppo!» annunciò a gran voce un uomo appostato di fronte a noi, la radiolina incollata all'orecchio e un berrettino della Supermercati Brianzoli calcato sulla fronte. Non era un bel tipo, indossava calzoncini da atletica con gli spacchetti e una camicia aperta sul petto irsuto, ma per qualche istante assurse al ruolo di vate, indovino e messaggero degli dèi.

«Dove sono?» gridò, un'ottava sopra il normale, una signora sottobraccio al marito.

«*Arìvano* a momenti, *sgnaùra*!» si limitò a scandire l'uomo.

Intanto passavano già le auto pubblicitarie e una quantità di mezzi delle forze dell'ordine: polizia, carabinieri e vigili urbani erano presenti con tutte le moto a disposizione, le sirene spiegate per intimare alla gente di liberare la carreggiata. Elicotteri solcavano il cielo del quartiere, e nell'aria saliva una febbre che potevo paragonare solo a un altro storico evento vissuto dalla nostra comunità: la visita al Santuario di San Luca da parte di papa Giovanni Paolo II. Anche allora moto dalle sirene blu avevano dovuto fendere la folla per mantenerla sui marciapiedi, e poco dopo si era verificata l'apparizione del pontefice; il papa polacco sorrideva e mandava benedizioni dalla sua vettura speciale e, al solo ricordo, il mio animo si elevò lontano dalle basse dispute sportive.

Poi apparve all'imbocco della salita una vettura che procedeva a sirene spiegate, la gente intorno a me ondeggiò tutta insieme. «Arrivano sul serio!» gridò mio padre; quando l'auto ci passò davanti, notai che portava sul muso e sulla fiancata la scritta *Testa della corsa*, e sperai di vedere nella sua scia Moser in fuga solitaria.

Non arrivava nessuno, invece, per quanto si torcesse il capo per abbracciare con lo sguardo l'intera rampa, fin giù all'arco del Meloncello. Sulla folla che si sporgeva verso la base della salita calò un silenzio da chiesa, ma quello stato d'inerzia non durò a lungo. Dal sottopasso dell'arco sbucarono altre moto, forse ancora una macchina o due, e si lanciarono su per la salita come avessero i lupi alle calcagna. Adesso l'aria era piena di un frinire che si faceva sempre più distinto, poi li vidi schizzare all'aperto: erano cinque, dieci, più di cento, le maglie di tutti i colori, e risalivano il pendio compatti come il corpo di un gigantesco animale.

«C'è Moser?» domandò Babbo, mentre la folla intorno a noi ricominciava a urlare.

Stringendo febbrilmente la sua mano, mi sporsi di mezzo passo sulla carreggiata per dare un nome agli uomini che guidavano il gruppo, ma non ne riconobbi nessuno.

L'abbrivio della pianura era ormai terminato: il frinire dei raggi lasciò spazio a un unanime click-clack di leve e deragliatori, come se, per un tacito accordo, l'intera carovana avesse deciso di cambiare rapporto sotto i nostri occhi.

«Vai, Argentin!» gridò l'omaccio con la radiolina e i calzoncini d'atletica. «Stracciali tutti!» e solo allora individuai fra i primi l'uomo in maglia azzurra della Sammontana.

Le divise delle squadre e le maglie speciali da campioni nazionali si mescolavano nella salita spalla contro spalla, ma provai un brivido nel riconoscere l'andatura regolare e lo sguardo concentrato del Professorino in rosa. A poche braccia da lui, nel cuore della mischia, il veterano Trentino saliva fra i suoi, il volto trasfigurato in una maschera di fatica.

«Vai, Moseèèr!» mi sgolai nel cuore d'un applauso collettivo, mentre il mio eroe saliva senza strappi in scia a Fignon, limitandosi a ondeggiare leggermente le spalle; scomparve dietro un sipario di atleti senza nome, scalatori lanciati a riprendere posizioni sull'esterno del gruppo e arrancanti uomini da cronometro con la lingua fuori. Passò uno conciato peggio di me dopo il volo ai Giardini sotto la gabbia del leone Reno: nonostante la ferita sanguinante sulla coscia, risultato di una fresca caduta, l'uomo saliva stoico incontro al proprio destino, e mi parve sereno e determinato a ogni impresa, come i fanti della Grande Guerra nei monumenti che adornavano le piazze d'Italia.

Sfrecciarono sotto i nostri occhi con un rosario di colpi di clacson le ammiraglie della Sammontana-Bianchi, dell'Ariostea, dell'odiata Renault e tutte le altre, frammiste ai corridori che si erano lasciati staccare.

«Mi sa che la rosa resta al Francese» fece Babbo. «Lui e Moser erano praticamente appiccicati, se li ho riconosciuti davvero», ma io non ero ancora pronto a tracciare il bilancio della giornata.

Volevo restare lì, a respirare quell'aria di leggenda sino a che non fosse transitato anche l'ultimo atleta, che immaginavo indossare la proverbiale maglia nera.

Man mano che arrivavano i ritardatari, l'applauso collettivo lasciava spazio alla libera espressione dei sentimenti individuali: alcuni corridori si presentavano pallidi, già in piedi sui pedali dopo soli duecento metri, e se qualcuno trovava adatto incoraggiarli, altri li sfottevano senza pietà.

«Cambia sport!» gridava la signora vicino a noi, spietata, contro ragazzi che avrebbero potuto essere i suoi figli. «Datti all'ippica!»

«Hop! Hop!» si sfogava l'omaccio, accompagnando i suoi incoraggiamenti con movimenti scimmieschi. «È inutile che spingi, mezza sega, tanto alle Orfanelle devi appoggiare il piede!»

«Povero deficiente» commentò Babbo, a voce piuttosto alta, ma quello continuò a vomitare la sua frustrazione addosso ai malcapitati. Solo i più giovani parevano patirne: gli altri ciclisti continuavano a salire con la loro andatura, sordi agli insulti e alle prese in giro.

Alla fine non arrivò nessunissimo in maglia nera, solo una vettura con scritto *Fine corsa*, seguita da un corteo di moto e automezzi ausiliari delle squadre e della televisione di Stato. Gli elicotteri continuavano a far vibrare l'aria sopra le nostre teste, ma ormai non c'era più nulla da vedere tranne l'uomo con la radio, che levava i pugni al cielo gridando: «Argentin! Ha vinto il grande Moreno!».

La mia colpa non era passata inosservata alle potenze superiori: avevo mangiato la Coppa Oro, e così aveva tagliato il traguardo per primo il portacolori della Sammontana.

Quando fu ufficiale che la maglia rosa sarebbe rimasta indosso al Professorino, la folla cominciò a disperdersi mugugnando per scendere daccapo in città.

«Visto che circo?» domandò Babbo. «Emozionante, no?»

«Bellissimo» commentai. «Anche se Moser non ce l'ha fatta.»

«Il Giro è ancora lungo» considerò. «Ma te l'ho mai raccontato che una volta ho visto Coppi e Bartali?»

Non fece in tempo a nominare i due grandissimi dell'età dell'oro che, in mezzo alla fiumana di gente diretta a valle, apparve una testa di giovane dall'espressione affranta, sormontata da un berrettino con la visiera rivolta all'insù, come quella dei corridori.

«Fate largo! C'è un pisquano che è rimasto indietro!» esclamò un pensionato davanti a noi, e s'improvvisò guardia municipale per creare un varco al poveretto, un lungagnone che saliva a serpentina, con la fiacca determinazione di un prigioniero. Solo il pettorale e il numero di gara punzonato sulla bici dimostravano che non si trattava d'un dilettante allo sbaraglio.

«Sei un fallito!» gli gridarono contro da mezzo metro. «Ritirati, bidone!»

«Sce-mo! Sce-mo!» presero a scandire dei ragazzotti.

Quello continuava a salire, affondando sui pedali i passi della sua danza al rallentatore.

«Vai ben a figa, ché ti diverti di più!» consigliò un

cristone abbronzato, ravviando dietro l'orecchio la frangia del suo parrucchino alla Panatta, e i vicini approvarono a gran voce.

Tutti ridevano del ciclista ritardatario. Era l'ultimo degli ultimi e io sentivo lo stomaco chiudersi, sgomento per come si prendevano gioco di lui e della sua fatica.

Mi rallegrai quando la mano pietosa d'un cireneo lo sospinse per qualche metro ma, non appena l'atleta restò solo, qualcun altro si divertì ad assestargli una sculacciata. Prima che scomparisse alla mia vista, inghiottito dalla folla, gli erano piovute in testa monetine, cartacce e perfino un gelato. Sammontana, c'era da scommetterci.

«Mi fa pena» confessai a Babbo.

«Così è la plebe» osservò mio padre. «Si diverte a veder cadere gli idoli che ha acclamato e trova irresistibile lo spettacolo di un uomo in difficoltà.»

Per causa di quel povero atleta e delle forche caudine alle quali era stato sottoposto, abbandonai ogni residua velleità d'una carriera come ciclista su strada: meglio sparire alla vista lungo gli infiniti falsipiani della Via della Seta, che mettersi in mostra al Giro, e finire sbertucciati.

Avevo deciso che il ciclismo su strada non mi meritava, ma speravo ancora con forza in un colpo d'orgoglio di Moser.

Alla quinta tappa, attraverso l'Appennino marchigiano e abruzzese, il cielo sembrò ascoltare le mie preghiere: Argentin arrivò primo alla Blockhaus, ma lo Sceriffo tagliò il traguardo con un vantaggio su Fignon bastevole a strappargli la maglia rosa.

Fu l'inizio di uno psicodramma nazionale destinato a protrarsi due settimane e mezzo. Moser adesso era in testa, ma il Professorino lo incalzava da presso, tenendo ogni giorno l'Italia incollata al televisore col fiato sospeso: ce l'avrebbe fatta, il Nostro, a contenere gli attacchi del Francese e salvare la maglia?

Il traguardo finale di Verona sembrava lontanissimo, e i disfattisti sostenevano che Moser poteva già mettersi il cuore in pace: Fignon, complice lo spunto più brillante in salita, l'avrebbe fregato irrimediabilmente in zona Cesarini, sulle rampe delle Alpi. "Il Quattrocchi attacca il giorno dello Stelvio" era la voce che correva in cortile e, se l'aveva detto un esperto come Lerri Ciompi, doveva essere vero.

Personalmente non ci dormivo, e sembravano molto preoccupati anche gli organizzatori del Giro, tanto che una tappa fu modificata in extremis, eliminando proprio il passaggio dallo Stelvio. In Francia si gridò al furto, ma la situazione era tutt'altro che decisa: Moser si trovava con un vantaggio in classifica ridottissimo e altre due tappe di montagna davanti.

Sul traguardo di Arabba, a due giorni dalla fine, i presagi più foschi si fecero realtà: adesso era di nuovo Fignon a indossare la rosa.

Lo Sceriffo, sceso ammaccato dalle Dolomiti, tentò disperatamente di attaccare nella penultima tappa, ma gli uomini della Renault protessero il loro leader, e gli serbarono un minuto e venti secondi di vantaggio.

Non restava che la crono finale. Sarebbero bastati quarantadue chilometri a rotta di collo per rimontare?

Forse Fignon si sarebbe potuto salvare dal Moser del '77 o da quello dell'81. Ma il suo destino appariva segnato contro lo Sceriffo del 1984, un *vecio* futurista capace di frantumare record con un elmo a pentola in testa e due dischi volanti al posto delle ruote.

Seguimmo con parossismo quell'ultima, decisiva, frazione: complici le inquadrature ravvicinate dall'elicottero, sembrava di volare insieme al Nostro verso Verona e, a ogni confronto dei tempi parziali, la speranza si alimentava.

Alla fine, Moser riuscì a guadagnare quasi due minuti e mezzo, abbastanza per entrare nell'Arena da trionfatore, e ai suoi nemici non restarono che tortura e purgatorio.

Nessuno avrebbe più tolto allo Sceriffo quella maglia rosa conquistata all'ultima tappa e, mentre le miss lo baciavano sul podio porgendo fiori e spumante, sentivo un groppo in gola e le ciglia umide. Un tempo si era compiuto e, da lì in avanti, non avrei potuto più chiedere niente al mio eroe.

Prendere il largo.
La Diavolessa

CATEGORIA	bicicletta sportiva da ragazzo da 24″
MARCA	n.d.
VELOCITÀ	3
COLORE	telaio rosso, parafanghi e carter cromati
DOTAZIONE	alloggiamento per borraccia, faro anteriore

A rimarcare la fine di un'epoca, le grandi bici da cross a sella lunga passarono, in un soffio, da oggetto del desiderio a relitti del passato.

Non avevo fatto in tempo ad affezionarmi alla mia Furia, capace di prestazioni poco superiori ai venti minuti sulla tratta classica verso casa di Nonna, che già si faceva strada il mito delle BMX, le biciclettine californiane rese celebri dal film *E.T.*

Il primo ad averne una fu Lerri, il fratello grande di Rudi Ciompi. Dopo un paio d'anni spesi fra i giovanissimi del Pedale Petroniano, aveva deciso di lasciare in cantina la sua sontuosa bici da corsa per consacrarsi a un'americana cromata dalla sella bassa, il manubrio ridotto e le ruote da bambino, a bordo della quale non avrebbe sfigurato sulla pedana del circo Togni. Anche l'abbigliamento era esagerato: la prima volta che lo vidi scendere in cortile col casco da moto e gli occhiali a maschera, il busto protetto da una casacca imbottita come quella dei portieri, non sapevo tanto bene se ridere o morire d'invidia. Sfoggiava protezioni a guscio, in plastica dura, sui gomiti e le ginocchia, mantenute in posizione tramite fasce dai colori dell'arcobaleno. Non c'era più posto per maglie bicolori in lanetta, né per berrettini a spicchi, nella nuova era; anche le sue scarpette nere da stradista erano scomparse, sostituite da un paio di stupefacenti mocassini a scacchi dalla suola in gomma antiscivolo.

«Non l'avevate ancora visto, vestito da BMX?» domandò Rudi, inorgoglito, e spiegò che suo fratello era diretto ai Giardini Margherita. «Lui e i suoi amici vanno a saltare le panchine» aggiunse.

«Spa-zia-le» scandì Mimmo, per poi assumere un'aria da cane bastonato e considerare in tono lamentoso: «Certo che potrebbe fare qualche acrobazia qui da noi, prima di andarsene.»

Ciompi piccolo riferì volentieri la supplica al maggiore, il quale annuì da sotto il casco e si lanciò in un giro di riscaldamento per il cortile. La sella era così bassa che, per prendere un minimo di velocità, doveva pedalare in piedi.

«State a vedere cosa vi combina adesso!» annunciò Rudi.

Per un po' Lerri si esibì sotto lo sguardo compiaciuto del fratello in una serie di saltelli laterali che lo portò ad atterrare sul bordo in pietra, largo mezzo palmo, del marciapiede. Lì si immobilizzò, fece impennare la bici al rallentatore e, pedalando aggrappato al manubrio, riuscì miracolosamente a percorrere quella striscia sottile senza perdere l'equilibrio.

«*Sorbole*, se è in gamba!» approvò Mimmo Paglia.

Lerri ripeté l'esercizio diverse volte, introducendo via via piccole varianti. Quando dovette mettere un piede a terra per non scivolare, mascherò l'evento come fosse in programma, e subito si ributtò in mezzo al cortile gridando allegro: «Rodeo!». Adesso faceva oscillare la bici in maniera impetuosa, impennando ora sulla ruota davanti ora sulla posteriore, e davvero sembrava di vederlo in groppa a un puledro impazzito.

«*Mo soccia*, è un asso!» mi sfuggì dalle labbra, e lo sguardo che Rudi mi rivolse suonava come un'improvvisa, gelida, minaccia: per chissà quanto tempo, si sarebbe fatto bello con le piume del pavone.

«La prendono anche a me, la BMX» annunciò, mentre il maggiore si cimentava in una manovra prodigiosa: lo vedemmo staccare da terra con un colpo di reni e atterrare sul bordo del fontanile in pietra, a mezzo metro buono dal suolo.

«Sei troppo togo!» strillò Mimmo Paglia.

«E a te, la prendono?» domandò, con perfidia, Rudi Ciompi.

Agitai l'aria con la destra, seccato. Non s'interrompevano così le emozioni.

Mantenendosi in equilibrio lassù, Lerri studiò la situazione: sulla destra, oltre la vasca vuota del fontanile, spiccava il tubo verticale del rubinetto, sormontato da una solida decorazione in forma di pigna.

«Salta ancora!» lo incoraggiò il fratello minore. «Sorvoli il tubo, e atterri nell'orto!»

Era un piano folle: se Lerri fosse caduto dentro la vasca o contro il tubo, si sarebbe fatto molto male. E, se mai fosse riuscito a superare l'ostacolo, avrebbe sorvolato anche la recinzione degli orti, per piombare da un'altezza notevole sui ravanelli della portinaia Fosca.

«Lo fa!» stabilì Rudi. Poi mi allungò uno strattone: «Quanto scommetti che lo fa?».

Ero troppo turbato per proferire verbo: Lerri stava per farlo veramente!

«Gééé...» intonò da sotto il casco.

«Gé?» pretese chiarimenti Mimmo, ma Rudi lo zittì con un'occhiataccia.

«Gééé-ronimo!» gridò l'acrobata, slanciandosi verso l'empireo. Spiccò il volo con tutto l'entusiasmo dei suoi sedici anni e, sulle prime, provai la sensazione che sapesse disporre a proprio piacimento della forza di gravità. Era ormai di là, ma la ruota posteriore toccò la maledetta pigna, e tanto bastò perché il centauro si scomponesse sotto i nostri occhi. La bici ricadde dalla nostra parte, rovinando nella vasca del fontanile, mentre Lerri, gambe all'aria come l'impiccato dei tarocchi, precipitò di testa fra i ravanelli.

«È morto!» strillò Mimmo, e si precipitò verso la recinzione degli orti come un grosso avvoltoio.

Rudi invece sembrava paralizzato, riusciva a solo a ripetere: «Lerri? Mi senti, Lerri?».

«Porca miseria» gli rispose il fratello con insolita voce chioccia, «che *number*!»

Pur di stupirci, si era praticamente piantato di testa nell'orto ma, grazie al casco, la scatola cranica sembrava salva. Prova ne era che ridacchiava, balbettando: «Sono a posto, *boys*! *No problem!*» e provava già a rimettersi in piedi. Gli bastò scrollarsi la terra di dosso, ed era già pronto a scavalcare la recinzione per tornare fra noi.

Solo Rudi gli corse incontro per abbracciarlo; noialtri d'istinto ci ritraemmo, come di fronte a un uomo che facesse ritorno dall'Ade.

Personalmente, ero turbato. Lo spettacolo era stato emozionante, ma cosa sarebbe accaduto alle mie spedizioni a pedali, se le biciclette si fossero trasformate in attrezzi da saltimbanco come quella? Mica ci potevi viaggiare per le strade del mondo, su una BMX con le ruote da sedici. Con quella si restava per sempre in cortile, al massimo ai Giardini, a fare le scimmie matte sino a che qualcuno non sfrombolava fra i ravanelli.

Quel che mi sbalordì fu che Lerri non se ne andò stizzito, come probabilmente avrei fatto io nei suoi panni, ma restò a ridacchiare con noi del suo volo, che s'ostinava a chiamare *number*. Col suo modo di sdrammatizzare, l'incidente non sembrava una vergogna, ma un alloro in più per la sua corona.

«L'importante non è se il *number* riesce o no, l'importante è provarci» spiegò, prima di pedalare dai suoi coetanei. «Possiamo essere tutti dei vincenti, *regaz*. L'unico sconfitto è quello che non ci prova!»

Grazie a lui, mi trovai a pensare che un bell'insuccesso, a volte, può essere meglio di una vittoria dubbia o strappata grazie ad aiuti esterni. Fu un ribaltamento completo di prospettiva, e il miglior regalo che la nuova era potesse portarmi: all'improvviso, non ero più in gara contro nessuno.

Spettava solo a me scegliere il mio stile, le mie strade e i miei traguardi.

Il Giro fu vinto nell'85 dall'intramontabile Bernardinò davanti a Moser e all'americano LeMond. Quel secondo posto, che prima avrei schifato, adesso mi sembrava carico di carattere e dignità.

Ci fu da trattenere le lacrime quando, nell'86, Beppe Saronni e lo Sceriffo salirono insieme per l'ultima volta sul podio della corsa rosa. Il vincitore, Visentini, sembrava farsi piccino, stretto com'era fra due leggende viventi.

Gli Arcirivali avevano corso le ultime stagioni per onorare la propria fama più che per vincere a ogni costo, come si richiede agli sportivi che attingono il ruolo di semidei e si ritrovano additati a modello della buona gioventù. Adesso che la storia si era compiuta, potevano finalmente tirare il fiato: che corressero ancora un giorno, un mese o un paio di stagioni a mezzo servizio, ormai il Beppe e lo Sceriffo si erano guadagnati un ingresso a braccetto nel pantheon del ciclismo italiano.

Nell'autunno di quello stesso anno ricevetti come regalo di compleanno la mia prima bici nuova di zecca, la Diavolessa. Era un modello stile corsa, rossa come il fuoco, capace di correre a tre velocità diverse e piacevolmente spartana negli accessori. Montava le ruote più grandi e strette alle quali si potesse aspirare, ruote che promettevano chilometri coperti in un batter d'occhio.

La vidi decorata di nastri variopinti quasi fosse il vitello sacro, incongrua e meravigliosa sul marmo del corridoio. Doveva essere fatta della stessa materia dei sogni, ché mi bastò immaginarmi in sella e subito Bologna mi apparve in una suggestiva e traballante inquadratura dall'elicottero. Finalmente si rivelava per intero ai miei occhi, immenso campo di gioco carico di promesse: a nord della via Emilia, la periferia era incline a sfumare senza preavviso in aperta campagna, terra di rettilinei infiniti e asfalti che, in estate, fumigavano di miraggi; a sud, invece, le pendici dei Colli erano ricche di salite sufficienti a coprire tutto il ventaglio dei gradi di difficoltà.

«Con questa c'è da divertirsi» annunciò Babbo, quasi mi leggesse nel pensiero, e vidi che mio fratello Richi annuiva inebetito, schiantato dalla bellezza della mia nuova cavalcatura. «Ci puoi andare dove ti pare» annunciò il Genitore, «tranne che a scuola.»

Non avevo fatto in tempo a riempirmi la testa di sogni, che già fiorivano le condizioni. Ma era un divieto che potevo capire: coi ladri di bici sempre in agguato, sarebbe durata tre giorni.

«Posso provarla?» domandai non appena l'ebbi inforcata.

«Dopo pranzo» mise in chiaro Mamma. «Ma tieni sempre in testa *questo*.»

Notai con orrore che le era apparso fra le mani un caschetto in similpelle lucida da pistard anni Settanta. Il reperto era foderato di nero nel cerchio destinato a correre intorno alla testa, mentre le sottili strisce imbottite in gommapiuma, che avrebbero dovuto proteggere la sommità del cranio, erano alternativamente bianche e rosse. Ma dove se l'era procurato? Nella cantina di Gimondi?

Mio fratello ora rideva istericamente. C'era da capirlo: all'epoca il casco non si usava né in bici né in scooter, solo in BMX e nelle moto da cross. In sostanza quel copricapo colorato pareva in grado di segnalare a distanza il suo possessore come un eccentrico imbecille, al pari di un fez leopardato o dei goliardici cappellini con l'elica sopra.

«Cos'è» provai a leggere negli occhi di Mamma, «uno scherzo?»

Niente burla, invece. Il caschetto era proprio per me, porca miseria, e come finì nelle mie mani, notai con orrore la fattura del cinghietto sottogola: era in vernice, un particolare degno delle scarpette di Biancaneve.

«È per la tua sicurezza» illustrò Babbo, fingendo d'ignorare che, nella sfortunata eventualità di un impatto, le esigue guarnizioni in gommapiuma non avrebbero attutito il colpo. Non più, almeno, di quanto avrebbe fatto un asciugamano legato stretto intorno alla testa.

«Provalo!» suggerì, perfido, il mio biondo fratello. Aveva le lacrime agli occhi, ma tentava di darsi un contegno. «Magari ti sta bene...»

«Vi prego» feci appello all'autorità dei genitori. «Mi rideranno dietro!»

Mamma parve valutare la faccenda, ma concluse con spietato buonsenso: «Meglio farsi ridere dietro, che rompersi la zucca».

«Ascoltate» mi giocai il tutto per tutto. «Vi pare giusto che mi regalate una bicicletta bellissima, però posso salirci sopra solo conciato da pagliaccio?»

Stavo andando su di giri, e mia madre sospirò con gli occhi al cielo: «Certo che è difficile farti contento».

«Vero» ammise, grave, mio fratello. Gli avrei volentieri strappato le orecchie. «Vuoi sempre comandare e non ti va mai bene niente di quello che decido io.» Ormai era un fiume in piena. «Anche ieri, quando giocavamo a calcio...»

«Zitto tu, ché non c'entri!» Babbo gli staccò la spina.

«È solo un casco, alla fine» disse mia madre con la voce che assottigliava. «Mi pare che la stiamo facendo lunga.»

«Mettiti nei miei panni, Mamma!» insistetti. Non funzionava quasi mai. «Perché devo sembrare per forza uno sfigato?»

Mio padre aveva preso a fissarmi sforbiciando l'aria con espressione di rimprovero. «È un giorno di festa» ricordò, ma la sua voce aveva perso ogni calore e suonava, anzi, minacciosa. «Vogliamo darci un taglio *adesso*?»

Ero al bivio, non dovevo più sbagliare. Per aiutarmi, guardai di nuovo la Diavolessa: era inebriante, nella sua spartana essenzialità, e ogni suo componente, dalla sella aerodinamica al manubrio ribassato, prometteva avventure a velocità sostenuta.

Così inspirai, espirai e levai le mani in segno di resa. «Va bene» garantii. «Come volete voi.»

«Dai un bacio a tua madre, allora» ordinò Babbo e, mentre eseguivo il mio compito, lui mi rivolse uno sguardo da compagno di briscola che conoscevo già: era l'aria che metteva su quando m'invitava a farmi furbo. Tanto, sembrava suggerire, quando sarai fuori di qui non ti vedrà nessuno.

Per qualche anno la corsa rosa, disertata dagli dèi, smise di appassionarmi. Gli estremi ricordi televisivi hanno a che fare con la rocambolesca vittoria di Stephen Roche, irlandese della Carrera, ottenuta nell'87 contro gli ordini di scuderia a spese del capitano Visentini. Più in là, la memoria deve aiutarsi consultando gli albi d'oro: rimembro a malapena le vittorie di Hampsten, nell'88, e di quando, l'anno successivo, fu il Professorino Fignon a mettere le mani sulla maglia rosa. Forse mai come allora, dopo tre vittorie consecutive di corridori stranieri, il Giro si esiliò lontano dal cuore della gente.

Ormai correvo per conto mio sulla Diavolessa, fuori da ogni cortile e senza più bisogno di idoli.

Uscivo dal garage con la bici in spalla e il casco slacciato in testa, ancora incerto sulla meta e sull'intensità di pedalata, ma pronto ad annuire profondamente alle estreme raccomandazioni che Mamma mi rivolgeva dalla terrazza. «Torna per le sette e mezzo. Se sei sudato, fermati. E, al crepuscolo, accendi la dinamo.»

«D'accordo» assicuravo, posando la bici a terra.

Montare in sella era già metà della soddisfazione, ma sentivo che Mamma non aveva ancora finito.

«Sii prudente» aggiungeva, onnicomprensiva.

«Certo, Mamma» garantivo, chino sul manubrio a tastare la gomma anteriore per accertarmi che fosse turgida come conveniva. «Io vado.»

La Diavolessa prendeva vita al primo colpo di pedale, caracollando sugli inizi come un puledrino, per assumere in breve la traiettoria rettilinea caratteristica degli oggetti – frecce, proiettili, note disciplinari – capaci di traversare lo spazio per la via più breve.

Bastava che le gomme toccassero l'asfalto perché io non fossi più io: la metamorfosi mi aveva ormai portato a fondermi con la bici in un diverso, più complesso, organismo. Benché fossi la metà pensante e pedalante del centauro, la mia nuova essenza era selvaggia come i boschi del monte Elicona, così restavo sordo alla voce della virtuosa Sacerdotessa che, affacciata alle mura del tempio, gridava al vento: «Allacciati il caschetto!».

Invece di assicurarlo sotto il mento, me lo strappavo di testa non appena voltato l'angolo. Quella pagliacciata, col suo vezzoso cinghietto, non era certo roba da centauri, e ringraziare che non ci facevo colazione come Crono con i figli neonati. Lo appendevo, invece, alla T del manubrio, dove poteva ancora sembrare una bizzarria accettabile, sul genere d'un pupazzo o d'un portachiavi molto vistoso.

Libero così di scalpitare, lasciavo che fossero le ruote a decidere quale strada prendere. Sapevo che, in ogni caso, mi avrebbero portato verso la libertà, lontano dagli squadrati paradigmi dei testi scolastici e dai pensieri opprimenti, verso la dimensione fuori dal tempo dove ognuno di noi poteva rivelarsi per quello che era: un mito.

Intorno ai quattordici anni, quando si sogna anche da svegli, corsi una quantità di classiche del Nord e lunghe sezioni di Giro, Tour e Vuelta: il tragitto verso casa di Nonna era una singola, disperata, volata a cronometro; la salita di via Bellinzona un Pordoi da affrontare in piedi sui pedali, il peso proiettato in avanti; il curvone di Casaglia un muro della Liegi-Bastogne-Liegi. I ciclisti che pedalavano lungo la mia strada si trasformavano in altrettanti, inconsapevoli, avversari da riprendere. Una signora qualsiasi con la spesa nel cestino trasfigurava sotto i miei occhi in Bernard Hinault: nonostante l'invidiabile palmarès, me lo bevevo come niente e passavo ad attaccare un piccoletto dell'età di mio fratello a bordo di un'Atala Hop essenziale come una costruzione del Meccano. Lo riconoscevo al volo come Greg LeMond, ma già era sparito alle mie spalle, risucchiato dal gruppo. Adesso ero in testa, e non mi sarei attardato ad aspettare compagni di fuga: avanti tutta, a strappare l'ennesima vittoria in solitaria.

«Stacca il gruppo con decisione! Pedalata brillante! Questa non è una fuga di prova: è partito per vincere!» mi esaltavo, calato nei panni del telecronista. «Signori! Co-sa sta fa-cen-do! È la Storia del ciclismo!»

Era molto gratificante, perché potevo simulare le grandi salite delle Alpi anche su un modesto falsopiano. Naturalmente, dal gioco erano esclusi i numerosi ciclisti in carne e ossa che mi superavano senza fatica (quelli erano le moto della Rai). Con questo metodo vincevo i Gran Premi della Montagna e collezionavo punti per la maglia ciclamino ai traguardi volanti, ancor prima di piombare, le mani al cielo, sul vero arrivo, incontro alla gloria e all'abbraccio della mia gente.

Altre volte, ingaggiavo battaglia con il bus. Io ero io, il Fuoriclasse Emergente del Pedale, e quel bestione squadrato il gruppo multicolore che dovevo, di volta in volta, riprendere dopo una foratura oppure distanziare per andare a vincere.

Rispetto a un vero gruppo di ciclisti, interrompeva la sua corsa a ogni fermata dove si scorgesse qualcuno in attesa, ma il bello era che non potevi sapere in anticipo dove avrebbe sostato e dove invece avrebbe tirato dritto.

Gli estremi del percorso erano porta Saragozza e l'arco del Meloncello, millecinquecento metri in leggerissimo dislivello e spezzati da tre sole curve. Se transitavo da quelle parti e scorgevo un autobus intenzionato a percorrere la strada maestra, la sfida era già aperta: che si trovasse davanti o dietro, partivo, in piedi sui pedali per accumulare potenza, quasi fosse davvero in palio il destino d'un campionissimo.

Proprio ora che non interpretavo più Moser, potevo capire come si doveva essere sentito il *vecio* all'apice della carriera. Non c'era da vincere solo per se stessi, ma anche per la famiglia, lo staff e i tifosi... Oh, basta! Non erano cose da pensare mentre si lanciava la volata. Via tutti dalla testa! Anche il professore di educazione tecnica, Bernard Hinault e la Sacerdotessa! Via tutti quanti!

Pedalavo sempre più forte, stringendo il manubrio della Diavolessa quasi a sradicarlo, e ormai la zavorra dei pensieri mi fuoriusciva a sciame dalle orecchie. A uno a uno, i ragionamenti che non mi servivano più andavano in frantumi alle mie spalle, pronti a trasformarsi in una marea di schegge, ostacolo sulla strada degli inseguitori.

Li perdevo senza rimpianti, felice di tornare leggero e analfabeta come l'idea futurista di velocità.

Andare in fuga era esaltante, ma mi piaceva anche inseguire, per infilare il gruppo solo in prossimità del traguardo. Per questo accettavo le sfide degli autobus che trovavo già in corsa lungo quello che consideravo il miglio più bello della città. Se pure i bestioni avevano un considerevole vantaggio, potevano essere chiamati a fermate laboriose, ed era sempre divertente tentare di recuperarli per passarli sul finire.

Lo spettacolo ideale per lo sprinter è l'asfalto che gli corre veloce fra le gambe, liscio come velluto e trapunto solo del vorticare dei pedali. Ero pronto a scrivermelo con l'Uni Posca sullo zainetto di educazione fisica. Nella vita contava solo pistonare sui pedali e raggiungere, sbuffando vapore dalle narici, la velocità di punta: ogni centauro ha la propria, e sa quando le ruote stanno girando al massimo. Io, almeno, ne ero convinto. In ogni caso, una volta raggiunta la velocità massima, si trattava di mantenerla il più possibile, alzando lo sguardo solo di tanto in tanto, per misurare con un'occhiata a quale ritmo si andava riducendo lo svantaggio.

L'istinto primordiale della caccia paralizzava momentaneamente le altre facoltà del corpo e tutto si riduceva al bisogno di raggiungere e superare la massa compatta del gruppo. Avanti a mille, finché sfilavo sotto la fiancata di tribordo dell'autobus; allora non avevo tempo per rispondere agli sguardi stupiti, o mossi a compassione, dei passeggeri prigionieri dietro i finestrini.

Non m'importava che comprendessero la grandezza del nuovo exploit e, in cuor mio, avevo già perdonato i meschini che ridevano delle mie guance rosse e gli screanzati che mi battevano la stecca. C'era un pubblico enorme, pronto a salutarmi sul traguardo, ed era per loro che dovevo trovare la forza d'un estremo colpo di reni per lanciare lo sprint.

Il meglio era prendere il largo quando non mancavano che venti o trenta giri di pedivella; allora occupavo il centro della carreggiata e, ignorando le apocalittiche trombe di clacson alle mie spalle, mi tuffavo verso la linea d'ombra del traguardo con il cuore che rideva in petto.

Ogni anno, a primavera, toccava alzare di due dita il tubo della sella e regolare di conseguenza il manubrio. Non appena uscivo a provare il nuovo assetto, con meraviglia mi accorgevo che le mie prestazioni sembravano essere migliorate e, nel giro di pochi giorni, potevo rendermene conto orologio alla mano.

Nell'87 avevo fatto registrare un tempo di diciannove minuti – record dell'epoca – sulla Direttissima per casa di Nonna, e già l'anno successivo, temprato da una tre giorni cicloturistica con gli scout, ero riuscito a coprire la distanza in sedici minuti e cinquanta secondi. Nell'89, ultimo anno nel quale mi cronometrai, ero un ginnasiale capace di filare a casa di Nonna in un quarto d'ora spaccato.

Purtroppo non era un argomento che potessi impiegare per affascinare le mie compagne, così vivevo celando in un profondissimo pozzo i miei segreti: i miei tempi sull'anello delle Dodici Porte, le telecronache mentali e, naturalmente, quel po' di inconvenienti che si erano parati lungo la mia strada.

E dire che, se solo fossi stato meno timido, avrei potuto divertirle con la storiella di quando, scendendo da monte Donato in una mattina nebbiosa, mi ero appeso ai freni per non investire un gatto; la bestiola maledetta era sbucata all'improvviso, trascinandosi dietro un incongruo guinzaglio di strass che, sulle prime, avevo scambiato per un serpente. Avevo pattinato fuori controllo, le ruote bloccate sul fondo viscido, addosso alla sua padrona. Era una quarantenne dei quartieri alti in impermeabile e stivali da cavallerizza; apparteneva con evidenza a una categoria di donne poco abituate a battere con forza le terga sull'asfalto. «Mi scusi!» ero smontato di corsa ad aiutarla. «Non ho fatto apposta!»

Ma invece di calmarsi, quell'arpia aveva minacciato di denunciarmi: mi era toccato filare verso la Diavolessa, la tinta delle guance perfettamente coordinata a quella del telaio, e darmela a precipizio verso capitoli più gloriosi delle mie avventure.

Completare le mappe. La Corsara

CATEGORIA	bicicletta da uomo da città, ruote da 28", telaio in alluminio
MARCA	Atala
VELOCITÀ	18
COLORE	telaio nero, parafanghi e carter cromati
DOTAZIONE	faro anteriore, portapacchi, cavalletto

Fu un lutto, nella primavera del '90, constatare che il tubo della sella ormai fuoriusciva per intero, e anche il manubrio, benché fosse alzato al massimo, risultava troppo basso. Dopo tre stagioni di glorioso servizio, la Diavolessa si era irrimediabilmente ristretta!

Solo mio fratello, che senza vergogna le faceva la posta, esultò senza capire lo strazio dell'abbandono né la vertigine che provavo nel ritrovarmi a rasentare il metro e sessantacinque, ormai esposto a scelte senza ritorno. Giunto sulla soglia dei sedici anni a forza di pedalate, specchietti dei verbi greci e abluzioni al Topexan, ero finalmente pronto per la mia prima bicicletta da grandi!

Ero stato io, quel bimbetto impacciato che montava in sella solo se poteva affidarsi alle rotelle stabilizzatrici? E il pisquano che aveva preso il volo al cospetto del leone Reno? A giudicare dalle foto nell'album di famiglia ero proprio io, il Fuoriclasse Emergente del Pedale. Adesso, invece, bastava una settimana di campeggio per farti ritrovare dei timidi baffi da cinese, un accenno di pizzetto sul mento e un'ombra promettente di basette. E una vicina di tenda carina era più che sufficiente per ribaltare le prospettive della vacanza (se si rifiutava di fidanzarsi, potevi sempre spendere la domanda di riserva: «Ti piacerebbe diventare amici di penna?»). Tutte cose che il nuovo possessore della Diavolessa non poteva capire, e che i nostri genitori – se mai le avevano sapute – dovevano avere dimenticato.

A quell'età i miei non potevano che apparire impermeabili a tutti gli stimoli che mi arrivavano in dono dal mondo esterno, a cominciare dalle rivelazioni contenute nei libri che correvano di mano in mano fra amici, nei film che la televisione non mostrava quasi mai e negli inni registrati su musicassetta che ci davano forza e consapevolezza. Il giorno in cui sperimentai il mio primo taglio alla moicana, erano già parecchie le scoperte che mi allontanavano da Babbo e Mamma. Ormai la familiarità completa aveva lasciato spazio a un lieve ritegno reciproco, e c'erano sempre più cose del loro figliolo Fuoriclasse che non sapevano. (D'accordo: insieme a un amico del quale preferisco proteggere l'identità, un pomeriggio arrostimmo filamenti di banana per poi fumarli. Ma, gente, chi non ci ha mai provato?)

L'ho già detto che ero sulla soglia dei sedici anni?

E che la mountain bike mi sembrava l'anello di congiunzione fra il mondo conservatore del ciclismo su strada e l'iconoclasta sottocultura del rock alternativo?

Il Rampichino originale, prodotto dalla milanese Cinelli sin dal 1985, era stata la novità più prorompente e imitata degli ultimi anni, tanto che il suo nome, persa la maiuscola, si era fatto sinonimo nella nostra lingua di "mountain bike".

I nuovi veicoli erano di concezione americana, ma sembravano agli antipodi della BMX, buona solo per fare acrobazie sul posto. Il concetto che riprendevano era piuttosto quello della Leopard e della Furia, le nostre antiche cavalcature da cross a sella lunga: la bici era fatta per vivere all'aria aperta, perciò doveva viaggiare sui sentieri dirupati come sull'asfalto di città. A differenza delle vecchie "americane", però, i rampichini avevano un telaio adatto a coprire lunghe distanze e un cambio giapponese a diciotto velocità, degno delle migliori bici da corsa, che li rendeva oltremodo brillanti in salita.

Quando la pendenza si faceva impegnativa, da che mondo era mondo il ciclista si era levato in piedi sui pedali, riducendo i punti d'appoggio a mani e piedi. Sulle mountain bike, invece, si poteva restare seduti anche quando la strada impennava. Gli esperti attribuivano il miracolo al prodigioso cambio giapponese di un certo dottor Shimano che, sui rapporti più morbidi, permetteva di pedalare a un ritmo frenetico, lasciando il veicolo incollato alla strada.

Il guaio era che le biciclette da montagna costavano l'iradiddio rispetto alle altre, così da escluderle a priori dalla categoria dei modelli di uso quotidiano. Era un vero peccato, ché segretamente si facevano le bave davanti alle vetrine che esponevano i modelli più competitivi – macchine californiane dai grossi tubi e i pedali ramponati, irriverenti negli accostamenti cromatici fra telaio, manopole e sella. Di tanto in tanto vedevi un fortunato ventenne che ne cavalcava una, carica di adesivi e graffiti come uno skateboard, e sentivi le gambe farsi molli per l'invidia.

«A te serve un modello versatile» stabilì Babbo quando fu chiaro che abbisognavo di una bici nuova.

«Purché sia un mezzo adatto in collina» spesi le mie carte, arricciando in maniera insopportabile i tre peli che mi adornavano il mento.

«Non da spenderci dietro una fortuna» calò la briscola Mamma, e suggerì: «Qualcosa di simile a quella che hai adesso andrebbe benissimo.»

Così era quella, la base d'asta. «Ma ha solo tre velocità! Adesso ne hanno tutte diciotto» li aggiornai. «Perfino le city bike da sfighé!»

Mia madre mi guardò incredula. «City bike» ripeté. «Ecco cosa ti serve.»

La situazione rischiava di precipitare, così tentai di forzare l'assedio con una mossa subdola. «Peccato» sospirai, assumendo un'espressione a metà fra il ragazzo pensoso della Dead Poets Society e il cucciolo di cocker. «Mi risulta che zio Walter si diverta come un matto, col suo rampichino.»

«Non mi risulta che Walter abbia mai avuto nessuno da mantenere!» ruggì Babbo. «Se butta i soldi dalla finestra, sono affari suoi.»

Addio, rampichino: violare il tabù della frugalità ti fu fatale!

Nel mio destino c'era un'Atala nera, in apparenza il classico modello maschile da città, che nascondeva però un'anima corsara. Grazie a un cambio (non giapponese) a diciotto velocità, governato da due leve poste in testa al tubo obliquo, approcciava le salite con maggiore agilità rispetto alla Diavolessa. In pianura, poi, le ruote da ventotto pollici si gemellavano ai miei polpacci per un nuovo genere di volata: il telaio della Corsara andava lanciato da lontano, ergendosi sui pedali finché non sentivi la bici farsi leggerissima. Era il momento di accomodarsi in sella, pedalando a tutta per mantenere il ritmo, e se riuscivi a spingerla al massimo, quella ti ringraziava mangiando la strada come ci volasse sopra.

Avevo a disposizione un mezzo in grado di darmi nuove soddisfazioni e un mondo intero da conoscere (a patto di rientrare per le dieci), e ancora sorrido al ricordo di come assieme agli amici, ebbri d'ingratitudine e di velocità, strapazzassimo le nostre nobili cavalcature in sciocche competizioni da suburra.

Oggi che sono tornate di gran moda le corse urbane sulle bici a scatto fisso, forse agli occhi di qualcuno apparirebbero deliziosamente *vintage* le immagini delle gare improvvisate per le vie del quartiere, contestualizzate dalle felpe a grandi campiture segnaletiche e dai primi camicioni grunge.

E poi, ci dilettavamo nel surf. Surf ciclistico, ovviamente.

Con la speranza di non tediare chi già conosce la disciplina, ne riassumo qui lo spirito: due ciclisti pedalano appaiati, mentre il terzo uomo, calato nel ruolo del surfista, si deve mantenere in equilibrio con i piedi sui portapacchi, arricchendo la corsa con quanti più *number* possibili (tratti su un piede solo, salti e inginocchiamenti).

Il trio comprendeva Ernesto Bastelli detto Erbas, il lentigginoso Giulio Mosca, che era il più leggero dei tre ma pedalava come un dannato, e il sottoscritto.

Una sera stabilimmo che si trattava di un vero e proprio sport e che, di conseguenza, le attività a venire sarebbero state coordinate dall'erigenda Federazione Italiana del Surf Ciclistico; ci piaceva il fatto che il suo acronimo suonasse come la parola inglese *fish*.

Fu sotto la sua egida che, abbandonate le rampe dei garage del quartiere, la nostra semovente piramide umana si trasferì per qualche sera nel centro storico. Fra via San Felice e le Due Torri mettemmo a punto numeri squisiti, prodigi di stile come il "doppio 180", nel corso del quale il surfista saltava compiendo una mezza rotazione per atterrare sui portapacchi; per un po' viaggiava curiosamente a chiappe avanti, quindi completava l'esercizio con un nuovo salto che lo riportava nella direzione di marcia. Gli incidenti, naturalmente, si sprecavano: nel tentativo chimerico di essere il primo surfista della storia a eseguire un "360 completo", non trovai l'appoggio dei portapacchi e franai addosso a Erbas, trascinandolo sul pavé in un groviglio di raggi, pedivelle e membra dolenti. Poiché nessuno era rimasto mutilato, ci ricomponemmo senza esitazioni, e riprendemmo la nostra folle marcia.

Darci a tali prodezze nel cuore guelfo della nostra città bastava a farcene sentire i signori.

«Siamo della "Fisc"» si gridava a squarciagola. «Provate anche voi il surf ciclistico!»

Adesso non eravamo più invisibili, e le ragazze ci mostravano a dito, divertite tanto dai piccoli successi della nostra attività di propaganda, quanto dalla spettacolare noncuranza del nostro rovinare.

Una sera – sui portapacchi c'era Giulio Mosca – una vigilessa in bici ci intimò di farlo scendere. «Via!» gridò il lentigginoso, spronandoci perché lanciassimo la fuga, ma gli ubbidii solo io: Erbas rimase sul posto coi freni tirati e il povero Giulio cadde schiena a terra sotto gli occhi della donna.

«Zio povero!» lo sentii imprecare alle mie spalle. «Mi son fatto malissimo!»

La vigilessa voleva chiamargli a tutti i costi un'ambulanza; per evitare un ricovero coatto Mosca fuggì sul portapacchi di Erbas.

Non furono i danni alle persone, tuttavia, a determinare la messa al bando del surf ciclistico.

Il fatto era che cerchi e parafanghi non gradivano troppo quel genere di sollecitazioni, tipo salti a piè pari sul retrotreno al grido di "nichilismo!".

E, dopo due o tre visite dal meccanico, i miei genitori misero in chiaro che non avrebbero più scucito una lira per le attività della neonata Federazione: da lì in avanti sarebbe stata mia cura pagare le riparazioni della Corsara. Oltre che un figlio ingrato, ero anche nullatenente, così mi sforzai di scordare il surf e trovare un buon motivo per tenere la bici in ordine.

(Il fatto che una soave fanciulla vivesse in collina si sarebbe rivelato, di gran lunga, il migliore nel quale potessi sperare.)

Fra amici, era ormai invalsa l'idea che lo sport professionistico fosse una esecrabile espressione del capitalismo; per avere notizie del grande ciclismo dovevo interpellare di nascosto mio fratello.

Era lui, adesso, che si occupava di seguire il Giro tappa per tappa, e sapeva esattamente dove e come Gianni Bugno aveva fregato ancora una volta il Diablo Chiappucci o qual era l'arma in più di Chioccioli contro il Diablo o ancora perché Fondriest aveva vinto un Mondiale, e il Diablo invece no. Erano il suo nuovo leitmotiv, le magagne del Diablo Chiappucci, e se ne crucciava come mi ero crucciato io per Moser.

Al cospetto della nuova generazione di italiani, dovevo ammettere che lo Sceriffo era stato un grandioso "passista veloce", ma in salita non andava proprio: ecco perché aveva faticato tanto a vincere il Giro. Bugno, invece, aveva trionfato poco più che venticinquenne, per poi aggiudicarsi due maglie iridate consecutive, dimostrandosi fortissimo nelle classiche di primavera come nelle grandi corse estive. Se aveva un limite, doveva essere iscritto nei geni del carattere: nessuno l'aveva mai visto sorridere. Anche l'estroso Chiappucci, con tutto che perdeva in pianura quel che guadagnava in salita, era un talento generoso e spettacolare, ed entrambi si dimostravano capaci di duellare coi migliori del pianeta sulle strade di Francia; si trovarono di fronte prima Greg LeMond e poi l'immenso Miguel Indurain, ma risultarono comunque i primi italiani a salire sul podio del Tour dai tempi di Gimondi (e il Diablo si portò a casa anche due maglie a pois della classifica scalatori).

Moser e Saronni non ce l'avevano mai fatta, eppure in prospettiva ingigantivano, come se ai ciclisti del momento non fosse concesso raggiungerli. Ormai idealizzati, nessuno osava più mettere in risalto le modeste doti da scalatore di Moser o le difficoltà dell'ultimo Saronni nel mantenere un'accettabile forma fisica.

I posteri avrebbero glorificato allo stesso modo l'ombroso Bugno e l'indomito Chiappucci? Era probabile, ma non scontato: le biglie dei ciclisti erano state ormai rimpiazzate dai videogiochi e in televisione andavano più forte che mai gli sport americani – persino quella baracconata del wrestling. I corridori in bici, così poco esotici, avrebbero saputo mantenere il loro ruolo centrale nelle mitologie dei giovanissimi?

Quanto a me, la Corsara continuava ad apparire l'unica cavalcatura possibile, il solo mezzo in grado di ammantare l'esistenza di epica e regalare la sensazione impagabile della libertà.

Arrivare in bici agli appuntamenti con le ragazze, nel corso dei primi Novanta, non era più in auge come ai tempi di *Poveri ma belli*, né ancora i pedali erano tornati di moda nel segno di un'eleganza fuori dal tempo, come sarebbe accaduto nel nuovo millennio.

Lo facevamo solo noialtri peones minorenni privi di un qualsivoglia mezzo a motore, ammettiamolo, e unicamente per evitare l'onta di presentarci in autobus.

In bici, perlomeno, evitavi i tempi morti delle attese alla fermata, e potevi materializzarti ai rendez-vous come un ragazzo in grado di guadagnare ogni meta sulle proprie gambe. Gli inconvenienti, tuttavia, non mancavano: tanto per cominciare, l'ansia di arrivare imponeva un ritmo forsennato da crono, col risultato che il pavé di via Urbana s'inclinava nell'immaginazione come un muro della Liegi-Bastogne-Liegi, e l'asfalto liscio dei viali si trasformava nell'ultimo chilometro d'una fuga solitaria verso la maglia iridata. Preso da tanta foga, finivo sempre per arrivare accaldato, scosso e senza fiori ai miei appuntamenti.

Una volta, strappato un sì per un'uscita pomeridiana alla sofisticata Astrid Sparvieri di I B, ero riuscito ad annientare in anticipo ogni chance di sedurla, ché in un passaggio stretto fra una colonna di portico e un cassonetto dei rifiuti, la maledetta manica destra della camicia si era impigliata in una sporgenza del cassonetto. La Sparvieri si era imbarazzata, all'idea di andare a bere qualcosa insieme a un giovanotto che portava una camicia strappata e, cosa più grave, un paio di bermuda da skateboard a scacchi gialli e neri.

Glielo leggevi in faccia, che sentiva di meritare di più dalla vita; se non un meraviglioso ventenne alla guida di una Golf, perlomeno uno stronzetto qualsiasi col motorino.

Era così educata che aveva tollerato, muta come la sfinge, le mie disquisizioni sulla filosofia anarcopunk, sulla prof di Lettere, moderna come il Congresso di Vienna, e su Pier Vittorio Tondelli, ma senza mai smettere di controllare dietro le mie spalle che non entrasse qualcuno di noto. Tempo che bevessi un caffè e una birra piccola, l'infelice non aveva ancor toccato la sua tazza di tè verde. Quando poi avevo tentato, goffo e senza un vero perché, di baciarla, si era difesa scoppiando in lacrime.

Da lì in poi il nostro appuntamento era sprofondato nella Grande Glaciazione; verso le cinque ci eravamo inventati una scusa a testa e, sotto il portico di via Santo Stefano, lei mi aveva pregato di non raccontare a nessuno che ci eravamo baciati.

«Ma noi non ci siamo baciati» avevo fatto notare.

«Be', tu non raccontarlo. Ho un ragazzo, al mare.»

«Sai che mi frega» avevo fatto spallucce, impermalito. Poi mi era preso un fremito che non sapevo, come se le sue parole avessero sprigionato un istinto ribaldo.

Era sospesa a mezzo braccio da me, le labbra socchiuse di meraviglia e indignazione, o forse soltanto in attesa; spettava a me, rischiare di nuovo. Le andai sotto a occhi semichiusi, e la mia bocca trovò la sua. *Exultemus!*

Baciavo Astrid Sparvieri e intanto mi sforzavo di assumere una postura da romantico amante in bianco e nero di Robert Doisneau.

"Chissà se quel cornuto immagina cosa stiamo facendo" mi dicevo nel mentre, spietato e felice di misurare il mio valore.

Non ero esattamente un esperto nell'arte del *french kiss* ma lei, in tutta onestà, era ancor più impacciata: si era adagiata contro di me, ma il suo corpo era rigido e non ricambiava il mio abbraccio; la verità è che Astrid baciava in maniera così poco focosa da farmi temere, a un bel punto, che fosse morta.

«Questo non significa proprio niente» aveva dichiarato quando era tornata a respirare. «Non so cosa mi è preso» si era affrettata ad aggiungere.

«Ti è preso che volevi farti baciare» avevo suggerito.

«Che resti fra noi» aveva specificato, a occhi bassi.

«Perché, ti vergogni? O hai paura che venga a saperlo il tuo ragazzo?»

«Non ho nessun ragazzo» aveva confessato, ed era rimasta a guardarmi come attendesse qualcosa da me.

Io, però, mi ero indispettito: se non aveva un fidanzato, il mio trionfo perdeva di valore. Mi aveva fregato! E, magari, adesso si aspettava pure che la domandassi in sposa. «Sei una bugiarda» mi era uscito di bocca, e l'adrenalina che mi abitava aveva detto il resto: «Siete tutte uguali: cercate di rendervi interessanti con le vostre fole, e di mettere noi maschi gli uni contro gli altri. Ma perché siete così sfigate?»

«Vaf-fan-cu-lo» aveva scandito la Sparvieri. Un

attimo prima era pronta a diventare la mia ragazza, e adesso dovevo ripararmi dalle sue sberle. «Prendi la tua bicicletta di merda» insisteva a scacciarmi, «e vai a morire ammazzato!»

A me non dispiaque più di tanto: potevo spingermi a casa di Erbas o di Giulio Mosca, canticchiando *California Über Alles*, fiero del mio look d'avanguardia e pronto a sfidare in volata qualsiasi mezzo del trasporto pubblico.

Poi arrivò la soave Adelaide: il tempo si fermò per lo spazio di una primavera, e del poco che sapevo sulle ragazze non restò che la cenere.

Qualcuno ha scritto che il successo di *Jack Frusciante è uscito dal gruppo* si fonderebbe sulla capacità di raccontare un amore acerbo, ambientato nell'ultimissima stagione in cui i ragazzi d'Italia furono digiuni d'internet e sms. Nessuno sospettava come sarebbero cambiate le nostre vite con la messaggistica istantanea; a ripensarci oggi, sembra trascorsa un'era geologica dai tempi in cui gli appuntamenti si basavano sulla parola e, come per Giulietta e Romeo, il dolce tormento dell'attesa non poteva essere rovinato da squillini, cinguettii e domande inquisitorie via WhatsApp ("Dove 6???").

Provare tanta gioia e paura insieme era un'esperienza abbastanza sconvolgente da sedare ogni desiderio d'indovinare il futuro: le emozioni che mi nutrivano bastavano a riempire di senso il presente.

Come un Girardengo appena più basso e rock, cercavo di alleviare le mie pene spronando la Corsara in salita, disposto a sciropparmi chilometri in piedi sui pedali pur di passare un'ora con la ragazza che mi faceva sentire vivo. Avevo l'impressione di voler bene – io che sulle Smemorande degli amici scrivevo di odiare tutti – a ogni singola creatura, foss'anche un tiglio o un usignolo, incontrata sulla strada che mi portava da lei; ascoltare la musica delle ruote che frenavano sulla ghiaia davanti a casa di Aidi era la più dolce delle vittorie, ché provavo un bisogno disperato di starle vicino.

Ero felice come non mai, e al contempo non riuscivo a darmi pace; non capivo fino in fondo perché lei esitasse e si sentisse chiamata a partire per un Paese lontano. Dal mio punto di vista, infatti, avevamo già tutto quello che serviva a due ragazzi per avviarsi insieme incontro alle grandi avventure della vita.

Ascoltavo con la morte in petto i suoi "cerca di capire", i "mi piaci troppo per rovinare tutto" e il resto delle parole con le quali, cercando di non ferirmi, spiegava di non sentirsi pronta a essere la mia fidanzata.

Soltanto la pendenza e la velocità potevano essere rimedi adatti a quel terremoto di emozioni: al momento di rientrare a casa, la salita da *grimpeur* affrontata all'andata si trasformava in un fantasmagorico scivolo che percorrevo pedalando a tutta. Nutrivo la segreta speranza di veder spuntare da via San Mamolo un bus inglese a due piani, come quello della canzone degli Smiths, per risolvere quel grumo di sentimenti contraddittori in uno schianto: allora lei, avvertita delle mie condizioni, si sarebbe precipitata a tenermi la mano mentre la vita fuggiva da me, e non avrei saputo immaginare un più bel morire.

Quando partì, la speranza sopravvisse solo poche settimane, scandite da lettere chilometriche e invii di foto, disegni e musicassette. Fu lei a telefonarmi nel cuore della notte, per annunciarmi che mi voleva ancora bene, ma era tempo di imparare a vivere separati; quella chiamata mi lasciò addosso la tenebrosa certezza che aveva trovato un boyfriend americano, e tutto il sentimento che provavo girò come il vento, cambiando verso e colore alla mia esistenza.

Adesso ero avvelenato dalla sensazione di essere stato preso in giro. Non potevo ammettere che lei, prudente come si era dimostrata col sottoscritto, ora si lasciasse baciare dal primo bietolone che aveva conosciuto in Pennsylvania. Allora non era affatto casta e pura come mi aveva fatto credere! Un malriposto senso d'orgoglio mi condusse a ricambiare il male con il male: per vendicarmi di quell'umiliazione, decisi di corteggiare la sua migliore amica. Quella s'insospettì delle improvvise attenzioni, ma alla fine cedette alle mie maldestre *avances*: mi feci beffe di lei, né più né meno, solo per dimostrare al mondo che non m'importava più di Adelaide.

Il ragazzo innocente di pochi mesi prima era morto davvero, e senza bisogno di trovare sulla propria strada un autobus a due piani.

La dolcezza si trasformò in furia, la speranza di trovare una persona con la quale condividere tutto si ribaltò nell'amara constatazione che, sissignori, alla fine ogni uomo è un'isola.

Ora che sapevo cosa significasse la sofferenza, non avevo più riguardi: mi lanciavo zigzagando senza ritegno all'attacco del muro di San Luca, certo che, un giorno molto vicino, sarei riuscito ad arrivare in cima alla salita senza poggiare il piede a terra.

Quando superai per la prima volta la terribile doppietta di tornanti delle Orfanelle, il sollievo fu di poco conto: nemmeno conquistare la più celebre salita della città bastava a spegnere quel che mi bruciava dentro.

Potevo provare a estinguere l'incendio solo grazie alla velocità, così mi gettai urlando come un kamikaze lungo il versante opposto. Stringevo il manubrio con una forza che non avevo mai sentito nelle braccia e la mia pedalata, ignara di punti morti, era un inno alla catastrofe. Lanciato a precipizio in sella alla Corsara, maledicevo le lacrime che mi bagnavano le guance e il destino bastardo dei ragazzi, che non lasciava alternative tra una perfetta estasi e la voglia di apocalisse.

Arrivare alla fine della Terra. La Zaira

CATEGORIA	bicicletta da cicloturismo, ruote da 28", telaio in alluminio
MARCA	Suzzi
VELOCITÀ	18
COLORE	telaio nero con riflessi rossi
DOTAZIONE	portapacchi anteriore e posteriore, contachilometri, cavalletto

Fu in quel periodo che, per la prima volta, mi approcciai al mondo delle arti: suonare per ore i Sex Pistols a tutto volume, chiusi come i cristiani delle catacombe dentro una cantina adibita a sala prove, mi parve un modo adatto per spegnere l'ansia che mi divorava.

A diciott'anni la mia discutibile divisa da rock'n'roll era composta da un berrettino azzurro della squadra ciclistica Z, dai soliti bermuda da skateboard e da un paio di stinte Adidas Gazelle; come bassista valevo ancor meno dello scarsissimo Sid Vicious, ma come lui riuscivo a sfogare l'energia che sentivo dentro. Per fortuna, Erbas era un discreto cantante-chitarrista, e aveva abbastanza presenza scenica da farsi perdonare il discutibile taglio a caschetto; quanto allo smilzo Mosca, diceva d'ispirarsi al batterista dei Police e picchiava sui tamburi come un tarantolato.

Quando cominciammo a scrivere pezzi originali, si profilò una nuova strada: confezionare una storia sotto forma di tre strofe e un ritornello mi veniva piuttosto facile e, nel giro delle band amiche, mi trovai a essere apprezzato come autore di testi.

Ecco perché, non appena apparve il bando del concorso "Racconta il quartiere", i soci m'incoraggiarono a partecipare.

Fra un compito di latino e una versione di Aristotele, mi sforzai di mettere su carta ciò che provavo nel corso delle mie pedalate domenicali. La trama era praticamente assente, ma la caratterizzazione dei ciclisti che incrociavo sulla mia strada risultò gradita alla giuria (o, forse, fui l'unico partecipante nella categoria Scuole superiori); fatto sta che un giorno, rientrato a casa, trovai un fax col quale si annunciava che avevo vinto le duecentomila lire del premio.

Se evitai di gloriarmene subito con Erbas e Mosca, non fu per modestia: era solo che mi premeva mantenere intatto il gruzzolo, ché avevo già adocchiato il negozio nel quale spenderlo per intero.

Un pomeriggio dell'aprile '93, forte dei primi denari guadagnati, scesi in via del Fossato e varcai la soglia del vecchio Suzzi, il più celebre fra i meccanici ciclisti della città.

Era un omone che assemblava le biciclette di persona, e tutti raccomandavano di approcciarlo con delicatezza perché aveva un carattere difficile; sulla qualità dei suoi lavori, però, nessuno aveva da ridire.

Prima di darmi udienza, terminò un'operazione di saldatura. Solo allora levò la maschera da fiamma ossidrica per mostrarmi il suo vero volto, rubicondo e indagatore.

«Sarai mica di quei *defizànt* che rovinano le bici a starci in piedi sul portapacchi?» indagò, ma feci orecchie da mercante.

«Va' là!» scrollai le spalle. «Io ci vado in collina.»

«*Bàn!*» approvò, ma la sua rabbia contro i *defizànt* che rovinavano le bici non era del tutto estinta. «Sul cannone delle macchine che costruisco, ci metto un adesivo col nome del mio babbo» volle spiegare. «È lui che mi ha insegnato il lavoro. E se uno fa lo spiritoso con me, posso anche riderci su. Ma chi manca di rispetto al mio babbo, *me l'amàz*!»

Sfilò i guanti, e sotto c'erano due mani a ganascia, sporche di morchia fin sopra l'attaccatura dei polsi, così non mi sentii di mettere in discussione i suoi principi guida.

«Giusto» esalai e, per sembrare più convincente ai suoi occhi, ribadii in dialetto: «*Ai vôl dal rispèt!*»

Il vecchio Suzzi si nettò il naso col dorso della destra, poi volle sapere in tono burbero quale tipologia di bici cercavo e, quando gli ebbi risposto, annuì con un accenno di sorriso; era come se le parole "ibrida da città e cicloturismo" avessero risvegliato in lui un ricordo piacevole.

«Vediamo un po'» fece, rabbonito. «Quanto pensavi di spendere, all'incirca?»

Dissi quel che avevo, e lui incassò la testa fra le spalle, mostrando i denti in una smorfia, come gli fosse arrivata addosso una secchiata gelida.

«Troppo poco?» domandai, impressionato.

Rispose con una bestemmia, poi sospirò: «Tanto bisogna pur morire» e trasse dalla rastrelliera una promettente fuoriserie da cicloturismo, le ruote da ventotto pollici gommate di bianco e un doppio portapacchi indicato per trasportare le borse da viaggio. «Ti piace il colore?» domandò.

«È un bel nero» risposi a colpo sicuro.

«*Mocché* nero!» mi corresse. «Prendila su per il *canòne*, somaro, e guardala alla luce.»

Il somaro eseguì e, sotto i raggi che filtravano dalla finestrella della bottega, il telaio parve sprigionare una polvere rossastra. Era un effetto che non avevo mai visto prima, e il vocione di Suzzi esplose alle mie spalle: «È bicolore! Una lavorazione dai riflessi rubino che farebbe l'orgoglio del mio babbo!».

«È davvero uno spettacolo» risposi, depositando la bici, ruote a terra.

«Se avesse immaginato, pover'uomo, che razza di pigmenti fanno adesso per i telai...»

«Quante velocità ha?»

«Non le sai fare le operazioni?» risorse dalle sue fantasticherie. «Tre moltipliche e sei pignoni, a casa mia fa diciotto.»

«La prendo» dichiarai e, spaventato dalle possibili conseguenze delle mie parole, aggiunsi: «Se per lei va bene.»

«Te la lascio per la miseria che mi vuoi dare solo perché sei giovane» precisò. «Però ci metti il nome che dico io, e ti venisse la rogna se osi cambiarlo!»

Annuii, senza trovare il coraggio di porgergli la destra.

«Mano sul cuore» intimò il vecchio Suzzi, sollevando la bicicletta per il tubo orizzontale. «Lei è la Zaira!» Restò a guardarmi avvolto da uno sfavillio di rubini, e domandò: «Siamo *d'acordo*?».

Forse non era il primo nome che mi sarebbe venuto in mente, ma ormai avevo preso un impegno: se lui lo credeva adatto, Zaira andava benissimo.

Per mettere alla prova la nuova bicicletta mi spinsi attraverso il tavolato della Bassa sino alle mura di Ferrara, imparando a conoscere uno per uno paesi che, sin lì, erano stati solo nomi sulla mappa.

Avessi avuto in tasca trentamila lire, mi sarei fermato nella pensione più economica della città per proseguire l'indomani lungo l'argine di Po: mi era presa l'idea di traversare il Delta sino al Faro del Bacucco, dove la terra finiva e l'acqua del fiume si mescolava a quella del mare. Peccato che in tasca mi ballassero sì e no diecimila lire, così toccò battere in ritirata verso sud.

La spedizione andava organizzata meglio, e decisi di coinvolgere mio fratello: ormai aveva quindici anni, cavalcava la sua prima bici da adulto ed era abbastanza atletico e orgoglioso da gettarsi nel cimento.

Sfruttammo il ponte del 1° maggio, l'ultima pausa della quale avrei goduto prima dell'esame di maturità: partimmo all'alba, panini e frutta negli zainetti, per salire con la Zaira e la sua Bianchi da passeggio sul regionale che andava nel capoluogo estense, e da lì, dopo la giusta colazione, cominciammo a pedalare.

Le studentesse in bicicletta che solcavano i selciati rischiarono di distrarci, eppure trovammo la giusta determinazione per abbandonare le lusinghe della città.

Giunti al cospetto del ponte che porta verso le terre magre del Polesine, lasciammo la strada e imboccammo di slancio la pista che correva sull'argine emiliano, nello stesso verso dell'acqua che fluiva verso la ragnatela di isolotti, paludi e specchi salmastri del Delta.

«Caldo, eh?» considerò mio fratello mentre filavamo affiancati.

«Sono appena le dieci di mattina. Però, se hai caldo, faresti meglio a mettere il cappello.»

«E chi ce l'ha?»

«Non l'hai portato?» domandai, senza nascondere la preoccupazione. «Guarda che ti cuoci la testa.»

Scrollò le spalle. «Vuoi sempre saperla più lunga degli altri» protestò. «Non sei mica la mamma.»

«Infatti.» Mi aggiustai in testa il berretto azzurro con la zeta sulla visiera, e aggiunsi: «Sono molto più veloce, io», poi cominciai ad aumentare il ritmo.

«Vuoi la gara?» gridò mentre lo staccavo. «È la gara che vuoi?»

Invece di rispondere, lo salutai con la mano; ormai prendevo il largo spingendo sul rapporto più lungo.

«Fermati!» strillava Richi da dietro. «Da solo non so dove andare!»

Rallentai per farmi raggiungere, ma quando riapparve al mio fianco mi guardò con sdegno. «Sei sempre il solito!» mi accusò e, per un paio di chilometri, ostentò una gelida indifferenza.

Si era offeso e, all'offerta del mio berretto in segno di pace, reagì rifiutando. «Fa puzza» disse.

Pedalammo ingrugnati fino al paese di Ro, col suo municipio littorio a guardia dell'ultimo ponte stradale prima che le acque del fiume si separassero in rami diversi; lì ci fermammo per uno spuntino e mi sentii in dovere di farmi perdonare raccontandogli, nel dettaglio, la trama dell'ultimo film dell'attrice Luce Caponegro, in arte Selen.

L'avevo confuso abbastanza da indurlo ad accettare un buon consiglio e, prima di ripartire, si fabbricò un copricapo di fortuna con la maglietta di riserva.

Per un tratto che mi sembrò infinito, seguimmo il volo a intermittenza di un airone alla volta di Serravalle. La cupola del cielo appariva completa sopra un mondo liquido e rarefatto, e la curvatura dell'orizzonte era già disponibile all'occhio come in mare aperto: più che serrarsi una valle, sembrava annunciarsi un oceano.

Procedemmo lungo l'argine del ramo meridionale, il Po di Goro, assecondando le sue anse e cercando d'indovinare che vita potevano condurre i pionieri, gli scavatori di ghiaia e i pescatori che vivevano nella Mesopotamia d'Italia. A giudicare dai loro sguardi, non sembravano intenzionati in alcun modo a incentivare il turismo nel Delta. Nemmeno i rari ciclisti che incontravamo si perdevano in cordialità, come se da quelle parti ognuno fosse abituato a badare a sé e fare poche domande.

Nel primo pomeriggio riparammo nell'abitato di Mesola in cerca di acqua, e provammo l'ulteriore sollievo di vedere esseri umani ancora capaci di rivolgersi la parola e condurre vite, all'apparenza, normali. Sulla minuscola piazza del paese facemmo la conoscenza di un anziano dalla pelle cotta dal sole. Era giunto sin lì a bordo del suo trattore, un mezzo che sembrava risalire all'epoca del piano Marshall, e domandò in tono perentorio dove fossimo diretti.

«Andiamo a vedere il Delta» lo informai.

«*Maiàl!*» esclamò. «Avete fatto un voto?»

«Lo facciamo per sport» spiegò Richi.

L'uomo annuì con aria grave. «Dovete dormire a Goro. Dopo non c'è più niente.»

«Dovrebbe esserci Gorino, qualche chilometro più in là» feci presente.

«Gorino!» ripeté quello, in tono canzonatorio. «Se non hanno neanche gli occhi per piangere, quei vongolari!»

«Perché dice così?» domandò mio fratello. «Secondo le mappe, è l'ultimo paese prima che il fiume...»

«Non è posto da andare» lo interruppe il vecchio, definitivo, e rimontò in trattore. Prima di riavviarlo, ci considerò con un attimo di pena, controllò il disco del sole che cominciava a scendere sui campi, e intimò: «Fermatevi a Goro, se non volete guai!».

A quell'età, suonò come una sfida irrinunciabile: come si permetteva quel tizio di darci consigli? Ci aveva forse presi per due cacasotto? Avanti tutta, verso il *finis terrae*!

A Gorino, l'asfalto smorì in una strada bianca che s'inoltrava nella vegetazione dell'ultima lingua di terra; in breve raggiungemmo il Faro del Bacucco, dove la pianura lasciava posto al mare.

«Che razza di posto!» approvò mio fratello.

Doveva essere il suo modo di ringraziarmi, e io replicai con una frase che avevo orecchiato in sala prove da Erbas.

«Fra amici, né "scusa" né "grazie".»

Smontò di sella. «Comunque, mi fa un gran male

il culo» considerò, come Ganna alla fine del primo Giro d'Italia. «Spero mi passi, altrimenti dovrò cenare in piedi.»

Solo allora mi resi conto che non avevamo pensato ad assicurarci un pasto né un giaciglio.

Per non allarmarlo, feci finta di preoccuparmi delle sue chiappe. «Vedrai che passa» assicurai, e lasciai cadere la bici nell'erba alta, a due passi dalla sua. «Ti va di sederci un attimo sulla riva, prima di tornare verso la civiltà?»

Rise. «Ti muovi come un burattino di legno.»

«Anche tu non sembri così sciolto» replicai, e ci lasciammo cadere a due passi dall'acqua.

Il cielo sembrava un teatro pensato per lo spettacolo delle nuvole, e ormai la luce arancione del tardo pomeriggio lasciava spazio alle infinite gradazioni di rosa, bruno e viola che annunciavano il crepuscolo.

«Non riuscirò mai ad amare nessun'altra» considerai, più melanconico di Guido Gozzano.

«Parli sempre di Selen?» s'informò Richi con un sorrisetto da schiaffi.

«Non fare lo scemo, hai capito benissimo.»

Sfilò la maglietta che aveva usato a mo' di copricapo, e la sua fronte era di due colori diversi. Si vedeva che avrebbe voluto confortarmi, ma non sapeva bene cosa dire.

Così parlai di nuovo io: «Se vuoi un consiglio, non innamorarti mai. È una gran fregatura. Credi di avere a che fare con una persona speciale, unica, quasi perfetta. Così apri il cuore come non hai mai fatto con nessuno, ma va sempre a finire che quella ti delude, e tu finisci per pentirti di averla amata. Anzi, ti dai proprio del deficiente».

Controllai che le mie parole l'avessero impressionato, ma vidi solo un ragazzino esausto, dalle palpebre che si abbassavano. «Mi sto addormentando» biascicò. «Giura che non mi lasci qui da solo. Li conosco, i tuoi scherzi.»

Promisi che, nel giro di dieci minuti, l'avrei svegliato.

In cielo apparve Venere e, come a un segnale convenuto, le presenze uscirono a migliaia dai minuscoli, luridi nidi nascosti fra i canneti e il marciume della riva. Due mammiferi si erano offerti spontaneamente in sacrificio, e a loro non sembrava vero.

«Mi ha punto un insetto» annunciò mio fratello, ridestandosi da solo. «Forse due» aggiunse, schiaffeggiandosi una coscia e, in quella, anch'io avvertii un prurito sospetto alla caviglia destra.

Eravamo gli unici esseri umani nel raggio di parecchi chilometri e, in un attimo, le maledette zanzare ci assalirono a nugoli. Ci schiaffeggiavamo come pazzi, ma sarebbero servite le cento braccia del gigante Briareo per schiacciarle tutte.

«Aiuto!» gemette. «Ne ho anche nelle orecchie!»

«Via di qui!» Balzai in piedi. «Subito! Filiamo al coperto!»

Recuperammo le bici, e m'illusi che, una volta presa velocità, il tormento avrebbe avuto fine. Invece, anche se pedalavamo alla disperata, le zanzare non ci mollavano.

«Ma porca miseria!» imprecò mio fratello. «Quante sono?»

Non c'era più verso di capire se riuscissero a raggiungerci in volo o se ormai ci si erano installate addosso a colonie. L'unica cosa di cui potevo andare sicuro era che, appena riuscivo a schiacciarne una, la mano si tingeva di sangue. Il mio, e quello di chissà chi altro.

Pedalavamo come forsennati lungo il primo asfalto mentre il mondo si faceva buio; il richiamo di un uccello notturno ci inseguiva, simile a un grido di scherno.

Come previsto dal vecchio sul trattore, per trovare riparo non bastò risalire fino a Gorino. I pochi abitanti erano già al sicuro nelle loro casette a un solo piano, difese da robusti serramenti d'alluminio e impeccabili zanzariere: non c'era in giro proprio nessuno al quale chiedere aiuto, per pietà, ché le maledette ci stavano mangiando vivi.

«Suoniamo a tutte le porte!» suggerì Richi con la forza della disperazione.

«Tanto non ci aprono» spiegai, senza rallentare. «Ci ridono in faccia, e ci lasciano qui a morire.»

Non appena scese l'oscurità dovemmo accendere le dinamo, e fu la fine.

«È un film dell'orrore!» articolò mio fratello con voce impastata. «Le ho persino in bocca, ste stronze!»

Ci arrestammo solo quando apparve l'insegna al neon del bar affacciato sul porto di Goro, al che ci buttammo dentro, sconvolti e tumefatti, senza nemmeno legare le bici.

Il locale era stipato di pescatori, vongolari e contrabbandieri delle due sponde adriatiche; nonostante l'aspetto patibolare dei clienti, era indicibile la gioia di ritrovarsi fra esseri umani.

«Che giornata, gente!» esclamai per rompere il ghiaccio. «Non è che conoscete una pensioncina da poco, qui in zona?»

Imbaldanzito dall'avere portato a casa la pelle, iniziai a progettare con il buon Erbas la prima avventura internazionale: la ciclabile che costeggiava il Danubio sembrava l'ideale per festeggiare il successo dell'esame di maturità.

Intorno a noi si formò spontaneamente una variopinta brigata di amici – non tutti pedalatori esperti –, che comprendeva il tarantolato Giulio Mosca, la sua fidanzata Corinna, Denis Bortolini di III D e Gloria Galimberti detta Galimba, una libertina diciottenne, leggermente sovrappeso e con un discreto penchant per l'alcolismo.

La compagnia prometteva bene, ma il trasferimento in treno verso Monaco di Baviera fu l'unica frazione del viaggio che riuscimmo a coprire senza incidenti.

Giunti a Passau, prendemmo possesso dei mezzi che avrebbero dovuto condurci, in quattro o cinque tappe, sino a Vienna. Sotto la tettoia ondulata della stazione potevi scegliere fra centinaia di vecchi relitti a scatto fisso, quel genere di biciclette antidiluviane sulle quali non esiste il cambio e si nasconde un'orribile insidia: se solo accenni a pedalare all'indietro, magari sovrappensiero nel bel mezzo d'una discesa, le ganasce dei freni mordono le ruote, e il mezzo s'inchioda senza pietà.

Fu quel che accadde a Corinna quella stessa sera, nei pressi del Volksgarten di Linz: la poveretta, sbalzata di sella, batté malamente un ginocchio e si scorticò una coscia. Il suo forfait fu seguito a ruota da quello di Mosca che, cavallerescamente, non voleva lasciarla sola nell'ingrata città fluviale dell'Alta Austria; i due si ripromisero di prendere un treno e aspettarci nella capitale, ma non sapevamo tanto bene se crederci.

Non restavamo che in quattro: Erbas, Denis Bortolini, il sottoscritto e la Galimba, che insisteva per fare pausa in ogni birreria lungo il percorso e, dopo il secondo boccale, ci scandalizzava con i suoi racconti di vita vissuta. Avevano quasi tutti a che fare con denunce per atti osceni in luogo pubblico e, in un certo senso, era come fare cicloturismo insieme a Janis Joplin.

All'ombra dell'antica abbazia di Melk ci abbandonò anche Denis, richiamato d'urgenza in Italia dalle paturnie d'una fidanzata isterica. Si portò via una delle due tende rimaste, così andammo avanti in tre, con un solo ricovero a disposizione.

Ridotti all'osso, facevamo un buon lavoro di squadra: io cercavo la strada giusta, Erbas si occupava di individuare il campeggio più economico e la Galimba dava spettacolo nei *biergarten*. I problemi sorgevano sempre a tarda sera, quando dovevamo rientrare ubriachi nella stessa tenda; allora con Erbas ci si sgomitava, per arrivare primi da lei e provare a chiudere fuori l'amico.

Per l'ultima tappa prima di Vienna, sostammo in un campeggio circondato dalla foresta e da densi banchi di moscerini. La piccola tendopoli ci apparve nel crepuscolo, addobbata di bandiere rosse e fumigante di barbecue: che ci credessimo o no, in quel luogo si celebrava la festa dei Compagni Austriaci di Che Guevara e, a giudicare dai preparativi, nessuno fra loro doveva essere astemio.

Increduli della fortuna che ci era capitata, non appena la tenda fu in piedi, Erbas e io ci precipitammo al bar per ordinare una birra e socializzare con le giovani Compagne Austriache; la Galimba era già là, ebbra e scalza, che teneva una sconclusionata conferenza sull'Era dell'Acquario a un punkabbestia barbuto, felice di annuire all'unisono con la sua torma di cani.

Cantammo e ballammo a perdifiato, quella sera. Andò a finire che non mangiammo abbastanza, e che bevemmo troppo.

Gli ultimi Compagni se ne andarono dopo avere intonato come saluto all'aurora una stridula e gutturale *Guantanamera*; solo allora ci ritirammo, troppo provati per insidiare la Galimba.

Piombai quasi subito in un sonno tormentoso ma mi svegliai dopo un paio d'ore soltanto, madido e boccheggiante: sembrava che i diavoli ci avessero acceso il fuoco sotto la tenda. La mia testa era piena di trucioli senza forma, praticamente segatura, ma l'istinto era ancora in grado di suggerire l'essenziale: se non volevo soffocare, serviva aria fresca! Per aprire la zip e tornare a respirare ossigeno dovetti sporgermi sulle forme abbandonate della nostra amica: dormiva pancia all'aria in canottiera e mutande, russando come un camionista, tanto che Erbas si era rannicchiato per farsi piccino e darle le spalle.

Il mondo oltre la zanzariera sembrava graziato da un bel sole. Peccato che la mia lingua fosse rimasta incollata al palato e che la sola idea di mettermi in piedi e uscire dalla tenda mi provocasse dei conati.

«*Soccia*, che pacca in testa!» lamentò, cavernosa, la Galimba. Si stiracchiò, soffocò un rutto e volle sapere: «Dove minchia siamo?».

«A un giorno da Vienna» replicai, ipnotizzato dalla naturalezza con la quale adesso si grattava il culo di fronte a me. «In teoria, dobbiamo riconsegnare le biciclette per le cinque di oggi pomeriggio.»

«Ahi, ahi. Mi hanno staccato la testa dal corpo, durante la notte» ci informò Erbas con una voce che non sembrava la sua. «Sto male, ragazzi.»

«Merda, qui ci vuole del caffè» annunciò la nostra signorile compagna. Mi strizzò l'occhio e aggiunse: «Senza preservativi e caffè, di sti tempi non si va da nessuna parte».

Uscii in avanscoperta diretto al bar del campeggio, ma sembrava chiuso o, per meglio dire, saccheggiato. Nessuno ne presidiava le rovine, però qualche Compagno Austriaco aveva dimenticato sul bancone una scatola di lattine alte e strette. Incuriosito dalla scritta *energy drink*, così propizia ai miei piani di resurrezione, ne sfilai una e notai che era decorata col profilo di un toro. Al mio cervello in pappa sembrò di capire che la bibita sfruttasse il soffio vitale della bestia, promettendo lo stesso effetto eccitante di svariati espresso.

Emozionato come Adamo al momento di cogliere la mela, mi ficcai in tasca la lattina. Nessuna voce sorse a redarguirmi, così ne sottrassi altre due e filai verso la tenda.

«Cos'è, una bevanda per astronauti froci?» obiettò la Galimba, poi strappò la linguetta, accostò la lattina alle labbra e ne buttò giù metà.

«Che sapore ha?» domandò Erbas, sospettoso, e lei gli rispose con un sonoro rutto.

«Sa di caramello rancido, più che di caffè» notai, ma almeno quell'intruglio pareva ridestare i sensi.

Le nostre palpebre si aprirono del tutto, uno strano fervore ci animò nello smontare la tenda e, in capo a mezz'ora, eravamo in sella.

Il guaio fu scoprire che la bibita del toro era in vendita in tutti i posti tappa: ne bevvi una seconda lattina dopo pochi chilometri, e una terza prima di mezzogiorno.

A quel punto, le gambe giravano da sole dentro un impeto fuori controllo. Badavo solo a me stesso, impermeabile al panorama e ai discorsi degli amici: la mia unica gioia era data dall'accorciare la distanza verso la meta.

Mi sembrava che Erbas e la Galimba pedalassero con lentezza insopportabile, e rifiutai senza troppa cortesia di fermarmi a pranzo con loro nell'ennesimo *biergarten*. Il fatto era che non riuscivo più a fermarmi, perciò mi congedai con la promessa che li avrei attesi alla stazione di Vienna, nel luogo esatto dove andavano riconsegnate le bici.

Libero di portare avanti la mia fuga in solitaria verso la città imperiale, persi di vista la segnaletica della ciclabile; nel giro d'un niente, mi ritrovai sul terrificante viadotto d'una tangenziale, in compagnia di auto, moto e camion lanciati a tutta velocità.

Solo scendendo una rampa a rotta di collo mi riuscì di tornare alla viabilità urbana, e continuai a pedalare in trance fino alla stazione ferroviaria presso la quale dovevo riconsegnare il mezzo e aspettare gli amici.

La prima operazione andò a buon fine ma, mentre mi cimentavo nella seconda, una stanchezza indicibile s'impadronì del mio corpo. Lontano dallo scassone che avevo guidato per cinque giorni mi sentii goffo e mutilato come l'albatro di Baudelaire. Chissà se conoscevano quella sensazione anche i corridori, alla fine di una grande corsa a tappe. Pronti a sdraiarsi per terra, senza riguardo per chi passa, ma anche dispiaciuti nell'intimo, ché non c'è più una meta verso la quale spingere sui pedali.

Esausto come mi sentivo, mi accoccolai spalle al muro nell'atrio della stazione, di fianco a un distributore automatico di merendine austriache, e lì cominciarono le visioni.

Il primo a venire in visita fu un Gimondi ancora giovane: il buon Felice era lieto di informarmi che non esistono al mondo mete irraggiungibili, neppure quando si tratta di sconfiggere un Cannibale.

Poi arrivò lui, Moser, il casco a pentola da *cronoman* sottobraccio.

«Sceriffo!» lo salutai. «Ho sempre fatto il tifo per te!»

"Anch'io" mi sbalordì. "È per motivarti che correvo, non l'avevi capito?"

«Davvero?»

"Pensavo fosse chiaro" scrollò le spalle larghe, da contadino di montagna. "Ma non importa. Verranno altri, dopo di me, e tu dovrai riconoscerli."

Mi trovarono in stato confusionale Giulio Mosca

e Corinna, a Vienna da giorni; all'inizio, lei voleva portarmi all'ospedale.

«Ti giuro che non serve» spiegai. «Sto benissimo», e attaccai con un monologo di venti minuti.

Mi tennero compagnia nell'attesa degli altri due eroi del pedale e, quando anche le biciclette di Erbas e della Galimba furono regolarmente consegnate, ci avviammo tutti insieme verso il campeggio.

Fu una bella vacanza ai margini dell'Occidente, eppure, nei giorni stanziali che seguirono, sentii la mancanza della vita nomade. Al tramonto mi facevo silenzioso: ripensavo ai chilometri coperti sul mio catorcio danubiano a scatto fisso e mi dicevo che, se non ci fossimo fermati, avremmo potuto raggiungere Bratislava, Budapest, Belgrado, e fors'anche la leggendaria Gola delle Porte di Ferro.

«Che muso lungo!» mi rampognava la Galimba, inaffondabile nella sua voglia di vivere. «Vieni bene in tenda, ché ti faccio tornare il *sorìso*!»

La leggenda del Pirata

IN BREVE	Marco Pantani, detto il Pirata, classe 1970, Cesenatico
CARATTERISTICHE	*grimpeur*
CARRIERA DA "PRO"	dal 1992 al 2003
STAGIONE MIGLIORE	1998, Giro d'Italia e Tour de France
GLI ANNI VERDI	si dice che andasse a scuola col coltello in tasca per difendere i più deboli
LA FRASE STORICA	«Marco, ma perché vai così forte in salita?», «Per abbreviare la mia agonia».

La mia vita cambiava a una velocità vertiginosa e ogni giornata scintillava di buone novità.

Dalle muffite aule del liceo ero passato a quelle ariose dell'università e, con sorpresa dei miei stessi familiari, ero riuscito a conquistarmi la fiducia di un editore.

Era un editore piccolo e sconosciuto al grande pubblico, ma era anche un pioniere: la Transeuropa di Massimo Canalini, in quegli anni, era considerata uno dei migliori serbatoi di giovani talenti della Repubblica, e io salivo sempre più spesso sull'interregionale da ventimila lire che mi traghettava verso la fiammeggiante *factory* anconitana: in redazione c'era un viavai continuo di aspiranti scrittori, giovani che avevano esordito da poco e narratori – taluni in anfibi e chiodo, altri più attempati – già circondati da un'aura di fama.

Si leggeva a turno e i presenti erano invitati a prender parte attiva alle operazioni di editing; le prime volte fu scioccante considerare che le tue frasi o i tuoi punti di vista potevano essere migliorati in gruppo, ma presto compresi che il confronto era l'unica via per portare in quota una storia.

Le trame, invece, non erano mai in discussione: nel mio caso, poi, la trama praticamente non c'era proprio.

Il mio romanzo non raccontava altro che una storia d'amore mancata, lo sgomento per la scomparsa di un amico e le ventate di consapevolezza che queste novità avevano portato nella mia esistenza.

Difficile ridire la meraviglia che provai nel vedere le mie storie su floppy disk da tre pollici e mezzo trasformarsi in un libro vero, in vendita nella stessa libreria davanti alla quale Alex e Aidi si davano appuntamento.

Arrivarono le interviste, le lettere di apprezzamento, le partecipazioni al "Costanzo Show", la cinquina del Campiello e le proposte delle maggiori case editrici del Paese; arrivò la Fama dai cento occhi, in volo radente sulla mia città, e gracchiò che stessi attento.

Se non volevo restare unicamente un narratore

di storie d'amore giovanili, era tempo di nascondersi e trovare un mezzo più adatto agli assalti e alle fughe: una Vespa Special verde bottiglia, potenziata di frodo dal cugino di Erbas, sarebbe andata benissimo.

Il ciclismo su strada, invece, restava testardamente identico a se stesso, felice di specchiarsi nel proprio mito e di incoronare nuovi campionissimi.

Intanto era sorto l'astro di Indurain, e a nessun altro era dato di vincere. Dopo la regina del Belgio che aveva stregato Merckx, evidentemente si era data da fare anche quella di Spagna col campione della Banesto, un predestinato dalla straordinaria capacità polmonare di otto litri: furono suoi i cinque Tour fra il 1991 e il '95, e nelle annate '92 e '93 riuscì a vincere anche il Giro. Miguelòn cancellò sul nascere i sogni di gloria di un'intera generazione e, a forza di vincere, annoiò un po' tutti.

Dopo di lui, la maglia rosa andò ad altri stranieri: il biondo Berzin, cresciuto nelle ultime nazionali giovanili dell'URSS, lo svizzero Rominger, l'altro russo Tonkov. Scuole ciclistiche vecchie e nuove erano ancora una volta libere di spadroneggiare sulle nostre strade, ma il ciclismo italico non era affatto pronto a chiudere bottega. Alle spalle dei campioni internazionali, infatti, andava maturando la leva nostrana dei novissimi.

Il più spettacolare era forse lo specialista delle volate Mario Cipollini, destinato a raccogliere centinaia di vittorie allo sprint. Per le grandi corse a tappe gli esperti puntavano invece sull'orobico Ivan Gotti, che aveva fatto gavetta come gregario di Bugno e aveva la faccia del don da oratorio, e sulle meno rassicuranti sembianze del giovane Marco Pantani da Cesenatico. Era uno scalatore di 55 chili scarsi cresciuto sulle salite del Barbotto e del Carpegna, e si diceva che sua madre gestisse un chiosco di piadine – un particolare che lo rese simpatico a molti frequentatori della Riviera adriatica. Qualcuno si dilettava a chiamarlo l'Elefantino per via delle orecchie a sventola, messe impietosamente in evidenza da una precoce calvizie, ma per i suoi tifosi era già il Pirata.

Il Romagnolo era diventato celebre nel '94, chiudendo da secondo la corsa rosa dietro a Berzin per poi giungere terzo in Francia nonostante un brutto scivolone, aggiudicandosi la maglia bianca di miglior giovane.

Gotti, invece, si era messo in luce l'anno successivo, chiudendo da quinto l'edizione del Tour che aveva visto la caduta fatale del povero Casartelli, due clamorose vittorie di tappa per Pantani e l'ultima maglia gialla del gigantesco Indurain.

Nel '96, il Bergamasco si classificò quinto al Giro; Pantani, invece, saltò il clou della stagione perché, durante la Milano-Torino, era stato investito da un fuoristrada.

Piccolo, bruttino, incapace di affrancarsi dall'accento della propria terra, coraggioso e poco fortunato: come si faceva a non volergli bene? La gente, da Nord a Sud, cominciava a fare il tifo per il Pirata di Cesenatico.

Pantani rientrò fra grandi attese al Giro del '97 coi colori della Mercatone Uno ma, quasi incredibilmente, cadde di nuovo in gara, stavolta per non investire un gatto (potevo forse non immedesimarmi?). Lasciò così campo libero al trionfo finale del pretesco Gotti, che divenne il primo italiano a vincere la corsa dopo cinque edizioni consecutive dominate dagli stranieri.

«Ancora una volta mi ha sconfitto la sfortuna» notò il figliolo della *piadinara*, deciso a non arrendersi. Ci riprovò al Tour, dove entrò definitivamente nel novero dei grandi scalatori scrivendo pagine da leggenda all'Alpe d'Huez e a Morzine. Fortissimo in salita e spericolato in discesa, a Parigi calcò nuovamente il podio come terzo classificato, dietro all'esplosivo teutonico Ullrich e al locale Virenque, un *grimpeur* con la faccia sorniona dell'attore porno.

Dopo gli incidenti, le maglie di secondo rango e i gradini bassi del podio, ormai era opinione comune che il destino dovesse al Pirata qualcosa di grosso.

Arriva sempre, nella vita delle persone, un momento nel quale si scollina: le rampe della salita che si riteneva senza fine lasciano il posto a un breve falsopiano, e ci si ritrova a pedalare lassù, increduli di poter vedere una nuova porzione di mondo. Non c'è neppure il tempo di rifiatare e abituarsi alla prospettiva aerea, però, che già la strada inclina verso il basso. Da qui in avanti, per arrivare al traguardo, diventano inutili le doti del *grimpeur*: per governare la discesa servono animo saldo e concentrazione, ché bisogna pennellare le traiettorie d'istinto ed essere pronti a correggerle in un batter di ciglia, senza farsi prendere dal panico neppure se la ruota salta su qualche ostacolo imprevisto, e mantenere l'equilibrio diventa la più difficile delle imprese.

In quegli anni, mi sentivo domandare un giorno sì e l'altro anche se il successo della mia attività di giovane romanziere mi avesse cambiato la vita.

Puta madre, se l'aveva cambiata! Ancora poche stagioni prima dovevo farmi firmare le giustificazioni dai miei e subivo le prediche di una quantità di adulti. Adesso, invece, ero andato a vivere da solo, giravo l'Italia al ritmo di cinquanta o sessanta presentazioni all'anno e *Jack Frusciante* era diventato un film.

«Ma non è un peccato che la tua scrittura, nata come passione, sia ora *mercificata*?» mi domandavano durante gli incontri pubblici certi aspiranti narratori fantasy dalla barba alla Cavour.

(Io sapevo solo che, da qualche tempo, mi trovavo a frequentare una quantità di donne, quasi sempre più grandi di me e, immancabilmente, più decise rispetto alla protagonista del mio primo romanzo. Per qualche motivo che mi sfuggiva, infatti, ognuna di loro era felice di insegnare qualcosa a un giovanotto che aveva scritto un romanzo castissimo.)

E poi piombavano le proposte più strampalate: ecco un contratto cinematografico per *Jack Frusciante II. Lei torna dall'America* ed eccone un altro per una linea di astucci ispirata al Vecchio Alex. Non potevo tornare a casa dei miei senza che Mamma riferisse, con un misto di orgoglio e di angoscia, che mi avevano cercato dall'organizzazione di Miss Italia – m'interessava mica fare il giurato? – e dagli uffici del Ministero, caso mai volessi prestare il mio volto per una campagna educativa rivolta alla gioventù.

Ero consapevole di vivere una condizione speciale, e toccava solo a me stabilire quali occasioni fossero farina del buon Dio e quali crusca del Diavolo: nessuno che conoscessi aveva calcato quel sentiero, le uniche persone alle quali ispirarsi erano gli scrittori che avevo il privilegio di conoscere. Capitava infatti, come in sogno, di bere mojito a casa di Pino Cacucci, di viaggiare nella notte sull'automobile di Carlo Lucarelli, di condividere una serata con l'idolatrato Andrea De Carlo (e stomacarlo di domande sulla paratassi, l'ipotassi e il discorso diretto) o di ritrovarsi a Venezia con Daniele Del Giudice, che ritenevo il più fine prosatore sulla scena.

Mi parve che ognuno di loro mi suggerisse, per via telepatica, l'unica strada possibile: se volevi ancora guardarti allo specchio senza vergogna, dovevi raccontare una storia che sentivi tua, e non quella che ti domandavano a gran voce gli editori.

Ma perché il piano riuscisse, dovevi far saltare i ponti col mondo, smettere di andare in giro come una trottola e non farti trovare per qualche mese. Banalmente, ricominciare a scrivere.

Così nacque *Bastogne*, un romanzo sull'amicizia, la droga e la violenza ispirato dalle atmosfere dello stadio e dei rave party, luoghi perfetti per dare asilo a un giovane vespista che vuole rifugiarsi nell'anonimato.

Vivevano con me per buona parte della giornata, e della notte, gli amici più urbanizzati e *mods*. Il mio appartamento, non diversamente da quello di piazza Nietzsche dove risiedono i protagonisti della storia, era al contempo base, sede sociale e covo; non sono mai stato un buon massaio, così il caos primordiale accoglieva ogni nuovo ospite.

Quando l'editor designato mi raggiunse per lavorare alla revisione del testo, si trovò dentro quella che gli parve una spelonca di briganti e – forse temendo che i miei soci e io gli ordinassimo di mettere tutto in ordine – se la diede a gambe nel giro di un paio d'ore.

All'uscita del libro, fui sommerso di contumelie

dalla stampa più moraleggiante, e accolto a braccia aperte in nuovi circoli.

Grazie a quel testo conobbi persino Vasco Rossi: scoprirlo fan di Ermanno e Jerry Claypool fu la bordata che affondò per sempre l'ipotesi di mollare la narrativa e fare una vita normale come suggeriva, e non ha smesso di suggerire, Mamma. Se persino la massima rockstar del Paese apprezzava i miei romanzi, chi ero io per smettere di scrivere?

E allora vai di vita spericolata, vai di notti bruciate in fretta nei locali della Riviera o sui prati rischiarati per una notte soltanto dalle lampade viola, la musica elettronica che scandisce la marcia dei ragazzi intorno a te, i rituali disciplinati dai diktat dell'anfetamina. Vai di appuntamenti alle cinque di mattina insieme ai soci, otto dentro un furgone e nemmeno uno che abbia dormito, spiritati alla volta del Meazza o dell'Olimpico, del Franchi o del Bentegodi, tutti smaniosi di presentarsi al cospetto di altri ragazzi estroversi e decisi, come noi svegli dal giorno prima.

Ci voleva un fisico bestiale, per fare l'autore di romanzi sull'amicizia, la droga e la violenza, e capitava spesso di svegliarsi in posti che non riconoscevi.

L'unico pedale col quale avevi a che fare era quello d'accensione della Special verde, ma quando ti mettevi quieto davanti al computer capitava di pensare che l'esperienza ciclistica era stata la più importante delle lezioni.

Ti sembrava, infatti, che per scrivere un romanzo fossero richieste doti non diverse da quelle necessarie per completare una corsa a tappe: costanza, decisione e consapevolezza che non si porta a casa il risultato soltanto a forza di guizzi, strappi e colpi di genio. Oltre al talento, è indispensabile la regolarità, la pratica quotidiana, lo stoicismo che ti guida a metterti al lavoro un'ora prima anziché un'ora dopo.

All'inizio avevo creduto che la narrativa si giocasse sulla nuda ispirazione; ora mi rendevo conto che, come in tutti i mestieri del mondo, erano centrali la resistenza e la capacità di rimettersi in gioco un giorno dopo l'altro.

Anche per questo ammiravo gli slanci generosi e arrischiati di Pantani: lui, che sapeva meglio di chiunque altro come la sorte potesse levarti tutto in un istante, non smetteva mai di provare a ingraziarsela, tentando la fuga anche quando la prudenza avrebbe consigliato di restare nel gruppo. Il Pirata non aspettava il momento giusto, per il semplice motivo che per lui era sempre il momento giusto.

I sessanta giorni che avrebbero consegnato alla leggenda il nome di Pantani ebbero inizio in val Gardena il 2 giugno 1998, quando il Pirata indossò per la prima volta la maglia rosa sopra quella della Mercatone Uno - Bianchi. Nelle tappe successive gli toccò difendersi dagli attacchi di Tonkov, che il Pirata regolò lungo la salita camuna di Montecampione, per arrivare da trionfatore, il giorno 7, sul traguardo di Milano: alla faccia della malasorte, il Giro era suo!

Nel prosieguo del mese di giugno Pantani si fece crescere il pizzetto da bucaniere che avrebbe dovuto portargli fortuna al Tour: erano trentatré anni, dai tempi di Gimondi, che un italiano non vinceva in Francia, e l'unico che avesse mai realizzato l'accoppiata Giro-Tour nello stesso anno si chiamava Fausto Coppi. Il confronto con i campioni del passato rischiava di essere impietoso, ma il Pirata era deciso a sfruttare al massimo lo stato di grazia.

La spedizione ebbe inizio l'11 luglio con un prologo a cronometro e due tappe che si disputarono in Irlanda, prima che la corsa traghettasse più canonicamente verso la Bretagna e la valle della Loira; mentre si consumavano le frazioni per velocisti (Cipollini ne vinse due consecutive allo sprint), venne clamorosamente squalificata per "doping di squadra" la Festina di Virenque. Era la prima volta che s'impediva il via a un intero team, ma la corsa non si fermò. Il favorito Ullrich sfoggiava di nuovo la maglia gialla mentre Pantani aspettava, nell'ombra, le prime salite.

Il Pirata attaccò sui Pirenei, vincendo la tappa del Plateau de Beille, poi si rimise a ruota in attesa di nuove occasioni favorevoli. Il 27 luglio, sui milleduecento metri di dislivello del Galibier, si alzò sui pedali della Bianchi lasciando tutti indietro nella bufera. Solo sul traguardo di Deux Alpes si levò occhiali e bandana – *C'est un géant*, titolò "L'Equipe" – per ricevere la maglia gialla che non si sarebbe più levato sino al giro d'onore sui Campi Elisi.

Come migliaia e migliaia di compatrioti, il 2 agosto del '98 ero anch'io a Parigi, appeso alle transenne per vedere da vicino i passaggi del gruppo compatto lungo il circuito finale all'ombra dell'Arco di Trionfo; ormai solo quella formalità separava il Pirata dalla strepitosa doppietta, ed ero curioso di vederlo con i miei occhi salire sul gradino più alto del podio, per cogliere l'istante nel quale un uomo si trasforma in leggenda.

Si sentivano tutti i dialetti del Bel Paese, in mezzo alla folla stipata ai piedi del palco delle premiazioni, e quando lo speaker annunciò che il vincitore era Monsieur Pantanì, il ventottenne in maglia gialla e pizzetto dello stesso colore che occupava il gradino più alto del podio subì la sua metamorfosi. Lasciò indietro Moser e Saronni, per ascendere in un vortice di luci colorate al cielo dei Grandissimi, lo stesso pantheon di Coppi e Gimondi, di Merckx, Bernard Hinault e Indurain.

Un attimo dopo, però, la nebbia psichedelica del trionfo diradò e io mi resi conto che il Pirata di Cesenatico era ancora lì nei suoi 55 chili scarsi, imbarazzato ma felice di posare per i fotografi tra il fulvo Ullrich e lo statunitense Bobby Julich, gli ultimi a cedere al suo strapotere. A quanto pareva, adesso gli toccava un nuovo genere di sfida: provare a sopravvivere a tanta gloria.

Pantani non parve intenzionato a mantenere un basso profilo: aveva ancora fame di vittorie, e al Giro del '99 diede spettacolo già sul Gran Sasso. Risalì la penisola duellando sul filo dei secondi col francese Jalabert per la maglia rosa; vinse ancora a Oropa, ridicolizzò la concorrenza all'Alpe di Pampeago e la disintegrò a Madonna di Campiglio, arrivando ad accumulare cinque minuti e mezzo di vantaggio sul secondo in classifica, Savoldelli.

Con due sole giornate alla fine della corsa, era un distacco incolmabile, ma sul Pirata si abbatté la tegola che gli avrebbe negato quel secondo Giro virtualmente già vinto: la mattina della penultima tappa, quando ancora i ciclisti della Mercatone Uno dormivano all'hotel Touring, si presentò nella struttura un commissario dell'UCI, la federazione ciclistica internazionale, per effettuare un prelievo di sangue a sorpresa. Il Pirata, consapevole che il controllo riguardava tante altre stelle del Giro, si sottopose alla pratica senza mugugni.

Il valore dell'ematocrito degli atleti fu verificato praticamente in diretta da una troupe medica e i risultati filtrarono uno dopo l'altro, via via che le squadre ne ricevevano notizia: i giornalisti appresero così che erano in regola i valori di Gotti e Jalabert, di Savoldelli e del trentino Simoni.

Solo il Pirata aveva fatto registrare un valore sballato, e i giornalisti se ne accorsero dal pandemonio che andava esplodendo all'hotel Touring: il sangue dell'uomo in maglia rosa risultava troppo denso rispetto al consentito, e alla commissione medica non importava lì per lì stabilirne la causa quanto dichiarare Marco Pantani "non idoneo alla pratica del ciclismo".

Vetri in frantumi, grida e imprecazioni in romagnolo accompagnarono la disperazione per l'esclusione da quel Giro, del quale Pantani si sentiva scippato.

I suoi scudieri della Mercatone Uno, annunciarono scuri in volto che la squadra si ritirava: «Senza Marco non andiamo da nessuna parte». Subito dopo una folla tumultuosa invase l'albergo: c'era chi voleva confortare il Pirata e chi gridava "sciacalli!" ai fotografi, chi avrebbe voluto linciare i medici e chi, semplicemente, era intenzionato a spaccare tutto. Servirono i carabinieri per riportare l'ordine.

Tre ore più tardi il Pirata uscì in borghese dall'ingresso principale dell'albergo, una mano ferita in un impeto di stizza e la faccia di chi ha perso tutto in un colpo solo. «Ero già stato controllato due volte negli ultimi giorni, e i miei valori erano regolari» protestò la sua innocenza alla muraglia di giornalisti e tifosi che lo aspettavano. «Ora invece mi sveglio con questa bella sorpresa. C'è qualcosa di strano» sostenne, per poi ammettere: «Rialzarsi sarà per me molto difficile.»

Mentre Pantani precipitava nella polvere, la mia vita scintillava di nuovi doni: l'amore che provavo per Martina, che era cresciuta a Roma e aveva gli occhi color del mare in burrasca, mi stava aiutando a trovare finalmente un equilibrio accettabile.

Con lei al mio fianco, non sentivo più il bisogno di accelerare a tutti i costi, frequentare donne libertine o passare interi weekend in piedi: era bello anche starsene in casa a parlare di libri, andare a vedere un film o frequentare concerti senza l'obbligo morale di pogare in prima fila.

Bastavamo l'uno all'altra, e se pure a volte non capiva cosa mi ardesse dentro, non era così grave: quando tornavo da lei e mi chiudevo alle spalle la porta di casa, tutto il male del mondo restava fuori.

Si diceva che il Pirata non fosse più lui. Sostenevano i figli del barbiere Dante, buoni dilettanti del pedale, che Pantani era depresso e non riusciva più ad allenarsi. Amici romagnoli aggiungevano dettagli scottanti: Marco non era mai più montato in sella dal giorno dello stop forzato a Madonna di Campiglio e, al contrario, aveva preso a fare una vita di stravizi.

Poteva essere tutto vero, a giudicare dalla sua

spompata rentrée al Giro del 2000, dove non riuscì a classificarsi fra i primi dieci (e, a dirla tutta, nemmeno fra i primi venti).

La voglia di riscatto lo condusse daccapo in Francia, dove ventiquattro mesi prima aveva trionfato, e ora lo davano per finito. Il nuovo uomo da battere era l'americano Lance Armstrong, vincitore dell'ultima edizione e assistito dal nuovo guru della medicina sportiva, il dottor Ferrari. Ancora giù di forma sui Pirenei, il Pirata attese le Alpi per dimostrare di poter dire la sua. Il 13 luglio, sul Mont Ventoux, vinse la tappa battendo in volata proprio Armstrong. Nel dopogara, l'Americano dichiarò velenosamente di aver concesso quella piccola gioia a Pantani, ché a lui interessava solo la vittoria finale.

Il Pirata, umiliato, giurò vendetta e tre giorni dopo, nel comprensorio savoiardo delle Trois Vallées, staccò l'Americano in maglia gialla a cinque chilometri dal traguardo, e andò a vincere ancora una volta sotto il cielo di Francia. L'indomani si ritirò, piegato dalla fatica e dalla dissenteria dopo un onirico tentativo di fuga sul primo colle di giornata. *Fine dell'avventura*, decretò "Repubblica".

Ormai il tempo del Pirata era esaurito, bruciato in fretta come le vite di chi non sa mai tirarsi indietro; gli restava solo una triste via crucis da portare a termine in pubblico, sotto gli occhi di chi l'aveva acclamato e di quanti, invece, non avevano mai digerito i suoi successi.

Corse i Giri del 2001 e del 2002, è vero, ma era ridotto all'ombra di se stesso e non portò a termine né l'una né l'altra edizione. Così, da leggenda retrocesse a personaggio: ormai si parlava di lui solo a causa dei suoi processi e della sua vita sregolata; per uno che aveva costruito la propria fortuna imparando a soffrire da solo, quella pubblica gogna fu l'anticamera della fine.

Restava un ultimo Giro da correre, ma ormai Pantani era un uomo sofferente. Nell'edizione 2003 si classificò lontano dal podio, e rinunciò all'invito di correre il Tour rivoltogli dal vecchio rivale Ullrich. A quel punto, il Pirata aveva altre priorità: mentre si preparava la competizione francese, si rifugiò in una clinica specializzata nel trattare depressione e alcolismo.

Se ne andò come una rockstar in disgrazia, il grande Pantanì: lo trovarono solo, nella stanza d'un residence di Rimini, il giorno di San Valentino del 2004, e l'autopsia parlò di overdose da cocaina. Corse in quei giorni il particolare inquietante che il campione non avrebbe assunto la sostanza via naso, ma l'avrebbe in qualche modo ingerita: segno della volontà di suicidarsi o indizio della presenza di altri sulla scena? Il perito legale si limitò a constatare che nel sangue di Pantani vi erano tracce di principio attivo "sei volte maggiore alla dose che serve indicativamente per morire" e dichiarò ufficialmente che lo scomparso "era in preda a un delirium da cocaina".

Da dieci anni, la madre Tonina grida ai quattro venti che gliel'hanno ammazzato, quel figlio fortissimo in salita, perché sapeva troppo sulle pratiche illegali del grande ciclismo. "La droga non c'entra con la morte di Marco" è la sua verità, e ancora nel febbraio 2014, in occasione del decennale della scomparsa del Pirata, ha reclamato pubblicamente la riapertura del processo.

Quando Pantani morì, si portò via i nostri vent'anni.

Ormai ero padre di una bambina, e presto sarebbero arrivate due sorelle gemelle a riempire di voci la casa nella quale Martina e io avevamo vissuto insieme dal primo giorno.

La vita era un carosello di doni meravigliosi ma, a quel punto, mi sentivo più vecchio di quanto il Pirata fosse mai stato.

Ero l'uomo di casa e serviva che lavorassi sodo per non mettere a repentaglio la tranquillità di tre figliole.

Era finito per sempre il tempo in cui ci si potevano permettere decisioni avventate o avventurose imprudenze. Se ancora c'erano energie da sfogare, meglio riempire uno zaino e camminare sino a dimenticare il proprio nome.

Da molti anni la corsa rosa finisce per coincidere con i miei viaggi a piedi primaverili insieme agli amici Psicoatleti.

Qualche volta, capita di fare sosta in un bar di paese dove le televisioni sono sintonizzate sulla frazione di giornata, e allora è difficile non disarcionare gli zaini per una mezz'ora. Altrimenti, resta sempre il notiziario della sera. Così il viaggio fra Tirreno e Adriatico del 2004 è stato scandito dalla sorprendente progressione di Damiano Cunego verso il trionfo finale, e nel 2007, mentre camminavamo fra Sansepolcro e Rimini, abbiamo assistito all'exploit dell'abruzzese Danilo Di Luca, che i telecronisti s'intestardivano a chiamare il Killer di Spoltore.

L'anno successivo, in viaggio fra Roma e Brindisi sulle orme degli antichi pellegrini diretti a Gerusalemme, il Giro finimmo per incrociarlo dal vivo.

Quel giorno eravamo in tre – il logista Cesare Maggi, lo sregolato marconista Max Montefiori e il sottoscritto. Eravamo partiti dalla cattedrale di Melfi, dove ci avevano cristianamente ospitato, ma non riuscimmo a percorrere che pochi chilometri verso il cuore della Basilicata quando trovammo la strada sbarrata e due ali di folla in attesa. Si era all'ingresso del paese di Rapolla e i locali aspettavano con diligente letizia, i più lungo i marciapiedi e altri ai balconi, l'arrivo della carovana rosa.

Non mancavano che venti minuti al presunto passaggio e, per giunta, la strada del Giro era la stessa che sarebbe servita a noi per uscire dall'abitato in direzione di Venosa, la nostra meta di quel giorno. Giocoforza deponemmo gli zaini e ci unimmo ai locali: era bello riconoscere nei bambini di quel paese alla periferia d'Italia la stessa trepidazione che, trent'anni prima, ci aveva tenuto al fianco dei nostri padri mentre aspettavamo di veder passare Moser.

Per qualche minuto, tornò tutto come allora: prima transitò il rosario di motociclette della polizia, quindi il veicolo con la scritta *Testa della corsa* e la teoria strombazzante delle automobili di servizio, seguita senza uno iato dal frinire meccanico di migliaia di raggi. Il gruppo arrivava compatto – drago multicolore stretto intorno alla maglia rosa Pellizotti, il Delfino di Bibione. Erano decine e decine di ciclisti, e presto sparirono tutti insieme giù per la discesa fra gli uliveti che portava alla città di Orazio. La gente di Rapolla, che in quel baleno si era messa a gridare, tacque perplessa, sporgendosi a vedere se ci fosse qualche ritardatario da incoraggiare o sfottere, ma ormai passavano solo le ammiraglie. Tanta indifferenza da parte della carovana lasciò qualcuno deluso, ma i più anziani osservarono che invece era stato un grande onore, veder transitare la corsa da Rapolla, e chissà quando sarebbe più capitato. «Forse mai più» chiosò un vecchio dai baffi candidi e la pelle che pareva cuoio. «La racconterete ai vostri nipoti, questa grande giornata.»

Ripartimmo nel volgere di poco lungo la strada perfettamente sgombra, e la discesa ci apparve costellata di borracce colorate che riportavano nomi e loghi delle squadre in gara. Gli atleti se n'erano disfatti lanciandole alle proprie spalle, e Max osservò che quasi tutte riportavano arcani segni a pennarello, croci e frecce e cerchietti, simili a quelli che i nomadi traccerebbero sulle case da derubare.

«Questa è ancora piena per metà» garantì il mio amico, sollevando dalle sterpaglie a bordo via una borraccia della Liquigas. «Dentro c'è tutto il combustibile che serve per arrivare a fine tappa.»

«Io non la berrei» consigliò Cesare. «Puoi mica sapere cosa c'è dentro.»

«Guardate! Questa, invece, è della Lampre!» si esaltò Max dopo pochi passi. La scosse e annunciò: «E c'è ancora un sorso buono. Che spreconi!».

Bevve prima dall'una, poi dall'altra, quindi le infilò nelle tasche laterali dello zaino come souvenir. Man mano che rinveniva borracce di nuove squadre, le tracannava con equanimità da alcolista per poi depositarle cinquanta metri più in là. In capo a un chilometro, gli occhi spalancati, disse la sua: «Semplici integratori. Maltodestrine e poco altro».

Nello spazio di qualche minuto, però, prese ad accelerare il passo. Rilanciava di continuo l'andatura, lui che al solito restava indietro a lamentarsi, ed era complicato stargli a fianco.

«Sicuro non ci fosse la pozione magica, là dentro?» domandò Cesare.

«Ma dài!» protestò Max. «Ti pare, dopo tutti gli scandali che ci sono stati?» Un attimo dopo, però, considerò: «Eppure mi sento strano. Ho la testa fresca».

«Fresca?» ripeté Cesare.

«Sì sì. È come se al posto delle orecchie avessi due feritoie e l'aria fosse libera di raffreddare il cervello.»

Cesare attribuiva quel nuovo vigore alla impressionabilità del nostro amico, ma io, che ricordavo gli effetti portentosi della bibita del toro, ero più incline a pensar male degli staff medici. In ogni caso, se pure si trattò di semplice suggestione, fu una suggestione capace di durare tre ore e mezzo: quel giorno Max batté la pista fra gli ulivi per diciotto chilometri filati, sino a Venosa, senza mai lagnarsi né rallentare.

Per la cronaca, quel Giro sarebbe stato vinto dal nuovo asso spagnolo Contador davanti a Riccardo Riccò, mentre Pellizotti finì quarto.

Nel giro di poche stagioni, tutti e tre avrebbero conosciuto squalifiche e revoche di titoli, ma questo non ha impedito a Contador e al Delfino di continuare la carriera.

Il ricco palmarès dello Spagnolo, in particolare, è un aperto invito allo scetticismo: due Giri vinti (dei quali uno revocato), tre Tour (uno revocato) e due Vuelta a España. Ora, è difficile credere che il ciclista più vittorioso sulla scena mondiale si dopi un anno sì e uno no; viene piuttosto da pensare che la ricerca medica e gli interessi economici degli sponsor siano ormai inestricabilmente legati nel favorire prestazioni esasperate.

La gente lo dà per scontato, e sempre meno genitori consigliano ai figli la pratica del ciclismo agonistico; tuttavia l'Italia non smette di entusiasmarsi per i suoi gladiatori a pedali, i matti della bicicletta che continuano a infiammare il Paese nella buona stagione. E così, armati di trombe a gas e bandiere, continuiamo ad affollare i tornanti dei passi alpini e le mille Rapolla della Penisola e ci sentiamo chiamati a prender parte in ogni nuovo dualismo.

Meglio Garzelli o Simoni? E domani cosa ricorderemo più volentieri, la sapienza tattica d'un Savoldelli o gli sprint di Petacchi? I successi mondiali di Bettini oppure le maglie rosa – tra una squalifica e un infortunio – di Ivan Basso?

Trovare la pace.
La Bionda

CATEGORIA	mountain bike da cross country hardtail, ruote da 26", telaio in alluminio con forcella anteriore ad aria
MARCA	Trek
VELOCITÀ	24
COLORE	telaio giallo grano
DOTAZIONE	due portaborracce, contachilometri

Se ho ricominciato ad andare in bicicletta, il merito è delle figliole.

Mentre le mie ragazze passavano dalla carrozzina al triciclo, sono rimontato in sella dopo anni di inattività, per prepararmi al momento in cui avremmo potuto pedalare insieme.

Fu un'emozione speciale, rispolverare la Zaira e portarla a cambiare le gomme; una volta pronta, si lasciò cavalcare come non fosse passato che un giorno dall'ultima volta, e ricordai tutti insieme i piaceri che mi ero negato negli ultimi tempi: l'aria che taglia la faccia e costringe a socchiudere gli occhi, la foga di correre a perdifiato e l'alchimia dello slancio col quale si supera l'ultimo dosso, in grado di trasformare la salita più selvatica in domestica discesa.

Ripresi a uscire con regolarità, ed era commovente riconoscere i luoghi che avevo esplorato in sella alla Diavolessa e mappato grazie alla Corsara.

Peccato che la buona Zaira, con tutto ch'era robusta e fidata, cominciava ad andarmi stretta come una fidanzata gelosa. Il mio sguardo, persino quand'ero in sella, cadeva sempre più spesso su telai e forcelle delle mountain bike, libere di lanciarsi fuori strada per giocare nei prati. Con loro non serviva macinare troppi chilometri, perché ti ci potevi divertire anche a due passi da casa... Rimasi pian piano ossessionato da una nuova epica, quella delle ruote grasse e artigliate, delle ammortizzazioni anteriori e dei pomeriggi lungo i sentieri della collina, liberi da ogni vincolo, gruppo sportivo o norma di decenza.

Quando fu chiaro che non potevo più rinunciare alla mia dose di diletto boschivo a pedali, presi da parte la Zaira e le feci un discorsetto.

«Vedi, cara» esordii, carezzandone il manubrio. «Ho deciso di regalarmi una mountain bike. Lo so che te l'aspettavi, ormai. Ma fra noi non cambierà niente. Usciremo ancora insieme e...»

Era ancora giovane, la bici uscita dall'officina di Suzzi, e compresi ch'era mortificata.

«Non ti sto mettendo da parte!» giurai. «È che con lei... faremo cose diverse, ecco tutto.»

La bici parve gemere, ma forse era solo un effetto dovuto alla dilatazione dei metalli. Fortuna che il suo creatore non poteva vederci.

«Guarda che sei ancora bellissima» la rassicurai, scuotendola leggermente perché sprigionasse i suoi magici riflessi di rubino.

La Zaira mi lasciò fare, ma entrambi sapevamo che fra noi le cose non sarebbero più state come prima.

Pedalare sembra tornato di moda, e le riviste specializzate celebrano la sostanziale tenuta del settore in anni disastrosi per le vendite di auto e motociclette.

Si pedala, si cammina e si corre sempre di più soltanto perché mancano i soldi necessari per spostarsi a motore o la crisi economica sta producendo una nuova consapevolezza?

Nel dubbio, il ciclismo celebra il proprio mito anche lontano dal circuito professionistico: fioriscono in tutta la penisola le Gran Fondo, le corse storiche sullo stile dell'Eroica toscana e le manifestazioni non competitive come il Sellaronda Bike Day, che chiude al traffico motorizzato la strada di quattro passi dolomitici trasformandola in un gigantesco anello ciclabile aperto ad amatori, debuttanti e famiglie.

Anche nelle città sono tante le iniziative all'insegna delle giornate senz'auto, ma chi si sposta quotidianamente in bici nei grandi centri urbani si deve confrontare con un traffico (e una cultura) ancora a misura d'automobile. Le piste ciclabili in sede protetta, le uniche a garantire l'incolumità del ciclista, sono praticamente sconosciute nelle nostre metropoli; va un po' meglio fuori dai centri urbani, dove le amministrazioni più virtuose hanno dato vita a vere e proprie ciclovie lungo fiumi, ferrovie dismesse e percorsi storici. Sono "vie verdi" che non si sentono quasi mai pubblicizzare in televisione o sulle riviste ad ampia tiratura, che necessitano di spirito d'iniziativa già solo per essere scoperte: bisogna andarsele a cercare, ma in fondo è il loro bello.

Alle bambine, ciascuna appagata dal proprio triciclo, non potevo spiegarlo, ma la poligamia sembrava garantire le sue soddisfazioni. Continuavo a tenere in caldo la Zaira per i raid primaverili su asfalto e intanto mi divertivo da morire con la mia nuova amante, felice di rotolarsi sui prati non appena ce ne prendeva la smania.

La Bionda, nata per correre sui sentieri fra radici sporgenti e solidi tronchi d'albero, era una Trek dal telaio color grano, dismessa da un campioncino del cross country e armata di cambio giapponese d'alta gamma; il suo prezzo da nuova sarebbe stato troppo elevato per i miei standard ma, dopo una stagione agonistica e qualche graffio, ero riuscito a comprarla per un terzo del valore originale.

In salita sembrava andare da sola: mordeva il fondo del sentiero e non mollava la presa di un millimetro. Grazie alla sua forcella ammortizzata, poi, la

Bionda rendeva morbide le discese più accidentate e bastava girare due rotelle perché si trasformasse in una buona compagna persino nei tratti di trasferimento su asfalto.

Qualche anno fa, anche mio fratello Richi si è regalato una mountain bike, una buona Santa Cruz, e così sono riprese le nostre esplorazioni: ci mettevamo alla prova lungo la salita di San Luca, per poi tuffarci giù per il sentiero dei Bregoli, verso il cuore del Parco fluviale che si estende intorno al letto del Reno. Laggiù ci divertivamo a inzaccherarci di fango come da ragazzini, e la mountain bike pareva la versione perfezionata della vecchia Furia da cross.

Una volta percorso ogni solco di quei sentieri persi nella boscaglia che lambisce l'antica corte agricola di Castel De' Rossi, ci prese il desiderio di conoscere meglio il sipario di colline spiegate sul lato orientale della valle, così un pomeriggio ci eravamo spinti in spedizione da quelle parti.

Molte tracce terminavano nel nulla, altre in luoghi disseminati di kleenex, e a un bel punto ci trovammo di fronte a un'alta parete dall'aspetto gessoso, il cui orlo superiore sembrava fondersi con la boscaglia delle colline soprastanti. Sulle prime dava l'impressione di un luogo mai toccato da mano d'uomo, poi notai che, a mezz'altezza, la parete era traforata a distanze regolari da una fila di nicchie che le conferivano l'aspetto d'una colombaia preistorica.

«L'antica cava romana!» s'illuminò mio fratello,

arretrando il caschetto a scoprire mezza fronte. «Il professor Ghiselli ne parlava sempre!»

Più che a una cava, somigliava a quei luoghi dove si celebra qualche rituale poco piacevole, quelli che gli antichi tenevano in onore dei loro dèi irascibili e sanguinari.

«Mai visto niente del genere» osservai. «Siamo a cinque minuti da Bologna e sembra di essere nella giungla della Cambogia.»

«Era una cava romana» ribadì lui, piccato. «E lo sai perché hanno scavato quelle nicchie?»

«Sentiamo.»

«Erano le celle degli schiavi costretti a lavorare qui» spiegò. Poi liberò un sospiro e aggiunse: «Saranno morti a centinaia».

Era altamente probabile, e adesso bisognava ignorare le immagini da incubo che parevano esalare dalla parete stessa. Abbassai lo sguardo per rifugiarmi nell'ultima sorsata della borraccia.

«Tipo Indiana Jones» mormorò, compiaciuto. Tacque un attimo, e subito dopo suggerì: «Adesso che l'abbiamo vista, che ne dici di spostarci da qui?».

Lo presi un po' in giro ma, alla fine, allontanarsi non dispiaceva nemmeno a me.

Non avevamo coperto cento metri, rievocando la nostra gita nel Delta, quando sbucammo in una radura, al centro della quale signoreggiava il cane più minaccioso che avessi mai visto. Ritto in controluce sulle zampe robuste come colonne, il molosso sembrava in attesa di viandanti, o ciclisti, ai quali mostrare chi era il più forte. Per un attimo sperai assurdamente che fosse un cattivo miraggio, una metafora o una statua, poi la bestia mandò un latrato risentito e, levandomi ogni dubbio, prese a trottare nella nostra direzione.

«E questo chi è?» domandò Richi con voce strozzata, mentre la Santa Cruz inchiodava a un palmo dalla mia ruota anteriore. «Il guardiano della necropoli?»

Sentendosi chiamato in causa, il molosso abbaiò ostile e, rizzato il moncone di coda, si arrestò brontolando qualcosa di terribile a venti passi da noi.

«Non è proprio di nessuno, questa specie di leone?» diede l'allarme mio fratello con un inatteso falsetto, ma gli rispose solo il ringhiare sommesso della bestia.

«A terra!» intimai, il cuore che batteva a mille. «Con calma.»

Con gesti misurati, scendemmo di sella, per essere pronti a frapporre le biciclette fra noi e il cagnaccio. Erano sempre meglio di niente ma, in quel momento, avremmo ceduto volentieri i nostri risparmi pur di scambiarle con due fucili da elefanti.

«Occhio che parte!» avvertì lui, e adesso il mostro muoveva in fretta nella nostra direzione, disegnando una curva per cercare il punto debole dello schieramento.

Senza pensarci due volte, sfilai dal sostegno la borraccia della Liquigas che mi aveva donato Max qualche anno prima, e la lanciai addosso all'animale. Solo quando gli rimbalzò sul muso realizzai che era vuota, ma perlomeno ottenni l'effetto di distrarlo: il mostro si accaniva sul contenitore, adesso, sbranandolo come avrebbe potuto fare con noi. C'erano buone speranze che si sfogasse a quel modo, dimenticandosi dei suoi propositi originari, ma Richi non fu abbastanza paziente: saltò in sella e scattò senza preavviso, ansimando per la tensione.

«No!» gridai, mentre la belva gli si avventava alle spalle come non attendesse di meglio.

Gridavamo entrambi, mentre veniva spinto a terra dallo slancio del molosso. Non c'era tempo da perdere: imbracciai la Bionda, deciso ad abbatterla sul dorso della belva, quando mi resi conto che era apparsa sulla scena una coppia di giovani pallidi, le labbra trafitte da piercing gemelli.

«Draco!» chiamavano debolmente. «Vieni qui, Draco!»

«Aiuto!» gemeva mio fratello, bloccato a terra dal peso del mostro ringhiante.

«È il vostro cane di merda?» urlai fuori di me. «Portatelo via o gli tiro la bicicletta sulla gobba!»

«Draco!» si degnò di ripetere il padrone, accostandosi alla belva fremente. Sembrava divertito. «Quante volte ti ho detto di non molestare le persone?»

Poiché il cane non voleva seguirlo, il ragazzo gli torse le orecchie e finalmente Richi fu libero di rialzarsi da terra. Aveva graffi ed escoriazioni un po' dappertutto, ma fortunatamente non lamentava morsi.

«Tu guarda sti deficienti!» esclamò, all'indirizzo di Draco e dei suoi padroni. «Senza guinzaglio, senza museruola, e a momenti mi fa secco!»

«Vecchio» fece il ragazzo, «chi ama gli animali non li tiene in prigionia.»

«Vecchia sarà tua sorella, testa di cazzo!» risposi. «E se ti piacciono gli animali liberi, va' a farti inculare dai gorilla del Congo!»

I due deficienti si allontanarono scuotendo la testa, come avessero subito un torto, e anche Draco sembrava mortificato per gli insulti.

«Dài, che è andata bene» provai a confortare mio fratello. «Ma come ti è venuto in mente di partire a quel modo?»

«Potevo morire» ignorò la mia domanda. «Se mi saltava alla gola, ero bello che morto.»

«È andata bene così, dài» ripetei, e solo allora mi accorsi di quanto mi tremavano le mani.

«Non può essere stato un caso» rifletté ad alta voce, mentre osservava le proprie gambe graffiate quasi non le riconoscesse. «Quel cane di merda era davvero il guardiano della necropoli.»

Poteva anche darsi, ma io avevo un'altra idea: doveva essere un emissario della Zaira. Era sempre stata una tipa sanguigna e la stavo trascurando, ultimamente.

Molte cose sono cambiate nella mia vita, ma la Bionda è ancora oggi la mia bici. Non l'unica, ma in ogni caso la mia prima scelta, per brevi uscite come per viaggi di più giorni, e non m'importa che sia priva di portapacchi. Preferisco trovarmi un piccolo zaino in spalla e una scattante bici da fuoristrada sotto il sedere, piuttosto che pedalare col bagaglio comodamente riposto nelle sacche di una pesante Zaira da cicloturismo. A questo modo nessuno t'impedisce, se ti prende la fregola, d'improvvisare una variante sull'erba, lungo la spiaggia o nel greto d'un fiume in secca.

La Zaira non me l'ha mai perdonata, ma adesso che il vecchio Suzzi è volato in cielo, posso confessarlo senza paura: era una gran bella bici, ma restava un'amante noiosa.

Così è stato in sella alla Bionda che ho viaggiato dalle Valle d'Aosta all'Emilia per superare il settore pianeggiante della Via Francigena. I miei compagni di viaggio e io formavamo un ben strano "treno": Cesare Maggi aveva una bici da gran turismo con regolari sacche, il buon Victor un modello corsaiolo che lo obbligava – come me, d'altronde – a pedalare con lo zaino in spalla, mentre il Montefiori si era organizzato con una vecchia Graziella, fidando nella comodità del cestino per riporre il bagaglio. L'ingombro di quest'ultimo, piantato in verticale a un palmo dal naso, gli impediva di scorgere la strada davanti a sé, così bisognava annunciargli le curve a voce ma, a parte questo inconveniente, ce la siamo sempre cavata bene. La Bionda filava ch'era un piacere, fra le colline del Monferrato come sotto i fulmini che squarciavano il cielo del Siccomario, la vecchia palude alla confluenza del Ticino in Po, e non saprei dire l'emozione che ho provato nel fare ritorno in terra d'Emilia in sella a lei.

È stato dopo quel viaggio che ho cominciato a volerle davvero bene, e a prendermene cura tramite revisioni periodiche e le necessarie sostituzioni delle parti usurate. Pian piano la passione si è trasformata in stima sincera e lei, da amante selvatica, è diventata una di casa.

Per questo l'ho voluta con me quando ho insegnato alle mie ragazze ad andare in bicicletta.

Anche nel loro caso, è stato un processo graduale. È stata una gioia regalare loro le prime dodici pollici, e dava i brividi ritrovarsi a insegnare i fondamentali per restare in equilibrio. Quando poi mi è sembrato che potessero fare a meno delle rotelle stabilizzatrici, le ho guidate in un prolungato stage sui prati, dov'erano libere di cadere senza conseguenze.

Le incoraggiavo a risalire in sella ogni volta, come aveva fatto mio padre con me dopo lo schianto sotto la gabbia del leone Reno. Quando finalmente sono state in grado di seguirmi in strada, ho compreso sino a che punto mia madre doveva essere orgogliosa e incredula mentre mi precedeva verso casa di Nonna nel corso della nostra prima uscita insieme.

Mentre gli aficionados dell'asfalto sognano sui nuovi cataloghi raccolti alla Fiera di Padova e dibattono se il freno a disco anteriore sia in grado o no di regalare un vantaggio risolutivo nelle gare della domenica, fra i giovani pedalatori urbani è invece esplosa la moda delle assemblate americane a scatto fisso. Colorate come caramelle, e leggerissime rispetto alle tradizionali biciclette europee a più velocità, non smettono di sembrarmi trappole da saltimbanchi per via delle ruote sottili e fragili e della loro irriducibile tendenza a confondere una frenata con un decollo. Gli anziani, invece, hanno detto di no in blocco alle lusinghe della bici elettrica e continuano a cavalcare gli scassoni di sempre: chi ha passato in sella una vita intera, non ha bisogno di pedalate assistite.

Nelle località balneari, per un paio d'estati, hanno imperversato giovanotti con la sfumatura alta e i bermuda a strisce, orgogliosi di pedalare su minuscoli velocipedi pieghevoli che ricordavano la vecchia Mirella. In pochi, invece, hanno accettato di passare alle vistose cruiser ribassate da spiaggia, decisamente inadatte ai dislivelli del Bel Paese, e anche i virtuosi della BMX sono ormai confinati nelle loro ondulate riserve.

Lungo i sentieri delle Terre Alte è comune incontrare appassionati di mountain bike: sono ragazzi e ragazze adepti del rassicurante cross country, più raramente gruppi di forzati del downhill – l'equivalente ciclistico della discesa libera su sci che si pratica bardati come antichi guerrieri spartani, staccando l'ombra da terra fra rocce e tronchi d'albero.

In città vanno alla grande le riproposizioni di modelli classici dalle sellerie rifinite in pellame pregiato, e le ragazze à la page hanno riscoperto il fascino di modelli femminili come l'elegante olandese, magari personalizzati con accessori vintage; è una moda virtuosa, e nei nostri parchi sono più numerose che mai le mamme intraprendenti che pedalano con i bimbi sul seggiolino.

Il costume italico evolve senza sosta, così non è da escludere un futuro nel quale le piste ciclabili saranno degne di questo nome da Nord a Sud e la chiusura al traffico motorizzato di larga parte dei centri storici non sarà l'eccezione, ma una semplice norma di buonsenso, a salvaguardia della salute e della vivibilità.

All'inizio potrà sembrare strano, ma ci si abituerà in fretta; in breve le foto delle cento città del Bel Paese soffocate dal traffico ci sembreranno articoli da modernariato, e un po' ci vergogneremo di com'eravamo, come accade oggi nel considerare che fino all'altro giorno si fumava nei ristoranti, sui treni e al cinema.

Solo quando le biciclette torneranno a essere padrone delle città, noi italiani riprenderemo finalmente possesso del nostro tempo.

Rallentando tutti insieme, avremo l'opportunità di conoscere meglio il Paese straordinario in cui viviamo, e forse cominceremo, una volta per tutte, a trattarlo con amore.

La Bionda è rimasta al mio fianco anche quando l'amore che scaldava Martina e il sottoscritto si è spento, e mi sono ritrovato a vagare per le strade del dubbio, disperato come il Pirata a fine corsa.

Come potevo trovare le parole giuste per spiegare che la nostra corsa era finita, e che non ci sarebbe più stato nessun podio sul quale salire insieme?

Come sopravvivere al sentimento della colpa e all'ineluttabilità del fallimento?

Ancora una volta, la salvezza è arrivata dalla stessa direzione del disastro. Sono stati gli occhi delle nostre figlie bambine a darmi la forza necessaria per non crollare, ché la meta era molto lontana, e non importava se ero il marito o l'ex marito della loro mamma: restavo un padre, e dovevo fare la mia parte per tirare il gruppo fin sotto lo striscione dell'ultimo chilometro.

Il novissimo campione capace di scaldare il cuore degli italiani si chiama Vincenzo Nibali e viene da Messina; per telecronisti e appassionati, è lo Squalo dello Stretto. Forte a cronometro, valido in salita e scatenato in discesa, ha vinto la Vuelta nel 2010 e, dopo un podio al Tour e due al Giro, ha portato a casa la maglia rosa del 2013. Oggi Nibali ha la stessa età di Pantani quando lo fermarono a Madonna di Campiglio e, a ben vedere, al Siciliano restano ancora quattro o cinque stagioni per scrivere il proprio nome fra i Grandissimi.

Come sempre, però, si ama davvero solo chi non è più fra noi e, per un effetto ottico dovuto all'enorme distanza, le stelle ormai spente appaiono nel nostro firmamento più luminose di quante ancora ardono.

"Non ci sarà più nessuno come il Pirata" si dice, salutando la gigantesca biglia da spiaggia con le sue sembianze presso l'uscita di Imola dell'A14. Siamo sinceri, e ci turba l'idea che invece possa arrivare qualcuno capace di emularne le imprese e magari superarne i successi. Ma il giorno in cui un altro italiano vincerà Giro e Tour, possiamo scommetterci sin da ora, faticheremo a riconoscere i suoi meriti, ché ci costerà appaiarlo a Pantani.

Saremo come i nostri padri, che ammettevano solo di malavoglia che il Pirata fosse riuscito nelle stesse imprese del grande Gimondi. A loro volta, da ragazzi, avevano sperimentato lo scetticismo dei *veci*, secondo i quali Gimondi non valeva una cicca al cospetto di Coppi e Bartali. (E se fossero ancora in vita i tifosi di Ganna e Girardengo, avrebbero certamente da fare i loro distinguo.)

Ogni generazione si innamora dei propri campioni e tende a sottovalutare gli idoli dei più giovani; comunque sia, quando sorgerà un nuovo Pirata, sarà per certo inquadrato da telecamere ad altissima definizione, incomparabilmente più sofisticate di quelle che ripresero l'impresa del Galibier. Le nuove tecnologie ci permetteranno di scattare in piedi sui pedali insieme a lui, di seguirne il battito cardiaco e di assumere in diretta il suo punto di vista mentre affronta a rotta di collo le discese. Gli appassionati potranno interagire con il nuovo Campione grazie alle applicazioni dei social network; grazie a uno speciale concorso-fedeltà, potranno vincere stage invernali di allenamento al suo fianco e decine di biciclette da palestra firmate dal Campione stesso. Una volta vinta ogni corsa in programma, senza mai essere sfiorato dal minimo sospetto sul suo ematocrito, il Campione si ritirerà per darsi alla televisione, alla politica o a entrambe le attività in parallelo. Succederà sul serio, non c'è dubbio. Quel giorno, noialtri che abbiamo visto vincere Pantani avremo la prova che nella vita possono accadere molte cose, ma non si ringiovanisce mai.

Da quando ho conosciuto Cecilia, non me la sono più levata dalla testa.

All'inizio era quasi imbarazzante, rendersi conto di quante cose ci legavano anche prima di fidarci l'uno dell'altra: l'amore per la vita all'aria aperta e quello per i libri di viaggio sono due fra le più importanti. Più che scelte consapevoli, sono esigenze istintive, e non so spiegarmi come sia potuto accadere che, a un certo punto della mia vita, fossero passate in secondo piano.

La lezione che ne ho ricavato è che è inutile tentare di abdicare alla propria natura: prima o poi riemergerà, prepotente, per reclamarti laddove sei di casa davvero.

Così sono tornato a pedalare con la furia onnivora di quand'ero ragazzo e sono orgoglioso di vedere crescere intorno a me vita nuova.

Da tanta gioia, infatti, è arrivata un'altra piccoletta, che oggi frequenta l'asilo nido, fa i primi esperimenti in triciclo, e si esalta per le avventure dei Barbapapà.

Sono quattro, le mie piccole cicliste, e ognuna pedala a modo suo: c'è la passista, la scalatrice e la sprinter, e chissà quale estro seguirà la più giovane.

Ogni volta che guido all'aperto le più grandi, mi sorprendo a ripetere suggerimenti orecchiati trent'anni fa dai miei genitori: «Fate attenzione!», «Frenate prima con la ruota posteriore!» e, naturalmente, «Allacciate bene il casco!».

I gusci di oggi sono colorati e riportano allegre decorazioni, così da apparire loro un accessorio gradevole, e benedico in silenzio chi ha avuto l'idea di fabbricare *bike helmets* floreali a misura di ragazzina.

Anche la piccola di casa ne ha uno; non l'impiega

in triciclo, ma quando occupa il seggiolino della bici di Cecilia, fiera di reclamare strada con la trombetta a forma di rana fissata al manubrio.

Presto dovrò decidere se insegnare alle mie ragazze il trucco per sparire alla vista o aspettare che lo imparino da sole.

Prego che non si mettano mai a gareggiare con gli autobus, che non investano gatti e che non rinverdiscano i fasti del surf ciclistico, ma sarei felice che la bicicletta diventasse anche per loro ciò che è stato per me: compagna d'avventure, scuola di vita e promessa di libertà.

Nel mentre, per non lasciarle in completa balia di Harry Potter e delle Barbie, racconto loro di Gimondi e del figlio della regina del Belgio, dello Sceriffo Moser e dell'occhialuto Francese al quale sottrasse la maglia rosa a Verona; di Bugno che non rideva mai, del Diablo Chiappucci, capace di perdere in pianura quel che aveva guadagnato in montagna, e di Marco Pantani detto il Pirata, che diceva di andare fortissimo in salita solo per abbreviare il proprio tormento.

Gli eroi del pedale non sono più o meno veri di Achille, Ulisse e Aiace, così che persino i giovanissimi possono ascoltare le loro gesta, figurarseli in azione e collocarli nella nicchia più adatta del loro personale pantheon.

Indice

7 Mantenere l'equilibrio. La Numero Uno
21 Andare veloce. La Mirella
34 Sparire alla vista. La Furia
47 L'anno dello Sceriffo
63 Prendere il largo. La Diavolessa
81 Completare le mappe. La Corsara
98 Arrivare alla fine della Terra. La Zaira
118 La leggenda del Pirata
141 Trovare la pace. La Bionda

Arnoldo Mondadori Editore S.p.A.

Questo volume è stato stampato
presso ELCOGRAF S.p.A.
Stabilimento - Cles (TN)

Stampato in Italia - Printed in Italy